저학년부터 차곡차곡! 상식이 쌓이는 뉴스 읽기

하루 10분
초등 신문

1호

오현선 지음

서사원주니어

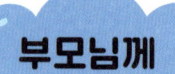 **부모님께**

　매일매일 풀어야 하는 문제집이 세상에서 사라졌으면 좋겠다는 한 아이의 글을 읽었습니다. 저와 독서 수업을 하는 아이의 글이었어요. 비단 이 친구뿐 아니라 많은 아이들이 종종 수많은 학습지, 문제집에 대한 힘겨운 마음을 토로하곤 합니다. 아직 저학년인데도 텍스트 자체에 질린 아이들도 종종 만납니다.

　그런데 이런 아이들도 눈을 반짝이며 읽는 텍스트가 있습니다. 바로 '신문 기사'입니다. 신문은 누구나 알 듯 우리가 살아가는 이 세상의 이야기입니다. 이 세상의 교육, 과학, 환경, 경제, 국제, 사회 등 다양한 분야의 기사를 만날 수 있어요.

　저는 어린이들과 주로 책을 매개로 토론을 하는데요, 책으로 먼저 감동을 느낀 아이들에게 책 내용과 관련된 신문 기사를 줘어 주면, 관심을 보이며 순간의 몰입을 발휘해서 읽는 모습을 많이 보았어요. 그리고 저마다 기사에 대한 의견을 쏟아내는 모습 또한 매일 보고 있습니다. 독해 문제집보다 신문 기사를 훨씬 더 즐겁게 읽는 이유가 궁금했습니다. 같이 신문 기사를 읽고 대화하며 내린 결론은, 어린이들도 우리가 살아가는 이 사회에 지대한 관심을 갖고 있기 때문이었어요.

　간혹 어린이들에게 세상사를 너무 일찍 알려 주면 안 된다는 경우를 접합니다. 저는 이 의견에 동의하지 않습니다. 오히려 어린이에게 세상 문제를 보여 주는 것이 어린이를 이 사회의 한 구성원으로 인정하고 존중하는 일인 걸요.

　다만 어린이 신문이어도 기사에는 어려운 용어나 신문 기사 특유의 표현이 많아 읽기 어려운 경우가 많았습니다. 그래서 매번 기사를 쉽게 풀어 재구성해 주곤 했는데요, 이 기사를 더 많은 어린이와 나누고 싶어 이 책을 쓰게 되었어요. 어려운 용어는 당연히 풀어 냈고, 어려운 표현들도 모두 쉽게 담아 냈습니다.

독서 교사로 제가 하는 일이 여기까지라면, 다음은 부모님께 부탁드리고 싶습니다. 이 책을 같이 보며 이야기를 나누어 주세요. 다만, 어린이와 함께 뉴스나 기사를 보시면서 지나치게 단정 짓는 표현이나 말은 삼가 주시기를 바랍니다. 뉴스나 기사를 보고 감정을 담아 '저런 사람은 무조건 천벌을 받아야 한다.'거나 '저런 제도 다 필요 없다.', '세금만 아까울 뿐이다.' 같은 단정적 표현은 어린이로 하여금 자기 의견과 생각을 갖지 못하게 합니다. 이 복잡하고 어려운 세상을 너무 단순화해서 보게 할 뿐이죠. 그렇게 단정 짓는 말씀을 하지 않아 주셔야 이 책을 함께 보는 의미도 있을 거예요.

신문 기사를 이해하기 위해선 먼저 이 세상이 흘러가는 분위기에 대한 배경지식을 쌓는 것이 중요합니다. 그래서 어느 정도 읽기량이 있어야 하기에 이 책은 기사 200개를 선정했습니다. 재밌는 토막 퀴즈를 통해 기사를 제대로 이해하게 하는 것도 놓치지 않았어요. 또 내용을 읽고 해시태그를 떠올려 보는 간단한 활동을 통해 기사를 좀 더 적극적으로, 그리고 큰 시선으로 볼 수 있을 거예요.

200개의 기사를 재밌게 읽다 보면 교육, 환경, 과학, 사회 등 세상 모든 것은 결국 연결되어 있다는 사실을 알게 됩니다. 기사 읽기의 무엇보다 큰 장점은 다양한 기사를 읽다 보면 자연스럽게 자신의 관심 영역을 발견하게 된다는 거예요. 그것을 발견하는 순간 우리 어린이들의 배움에 대한 욕구가 자극될 거예요. 그때부터 그 관심을 더 파고들다 보면 결국 자기만의 길도 잘 찾는 어린이가 될 거라 생각합니다.

매일 기사를 읽고 성장하고 또 넓어질 어린이와 부모님을 응원합니다.

저자 오현선

이 책의 구성과 활용

부담없이 뒹굴뒹굴 누워서도 볼 수 있는 쉽고 재미난 기사가 무려 200개! 처음 접하는 소재도 이해할 수 있게 기사 안에 배경지식을 녹여내고, 낯선 용어는 문장 안에서 자연스럽게 안내했습니다. 용어를 따로 설명하면 아이들은 읽지 않거든요.

학습 활동 없이 즐겁게 상식을 쌓을 수 있는 구성입니다. 200개나 되는 기사를 읽다 보면 서로 연결되는 지점이 있어 이 한 권으로 배경지식을 탄탄히 키울 수 있습니다.

- 3단계 난이도를 참고해요.

    ☆ 초급   저학년 이상

    ☆☆ 중급   중학년 이상

    ☆☆☆ 고급   고학년 이상

- 기사를 읽고, 분야를 표시해 보세요. 분야별로 구성했지만, 내용에 따라 생각하는 분야가 다르거나 2개 이상일 수도 있어요. 날짜도 써 두어, 내가 읽은 기록을 남기세요.

- 선생님에게 직접 듣는 것 같은 편안한 글로 기사를 친근하게 만나요.

- 기사에 대한 내 느낌을 표시해 보세요.

- 토막 퀴즈를 풀면서 읽은 내용을 게임처럼 확인해 보세요. 질문에 답하다 보면 독해력을 쑥쑥 키울 수 있어요.

- 미니 논술로 우리 사회의 크고 작은 문제에 대한 내 의견을 표현해 보세요.

- 해시태그를 만들면서 기사의 중심 내용을 다시 한번 짚어 보세요.

1

사회

- 아이 사진을 SNS에 올리려면?
- 의사 되기 쉽지 않아!
- 스쿨 존에서 드라마 촬영을?
- 노란 버스가 무엇이길래?
- 우리나라에서 쌍둥이 판다 태어나!
- 로봇이 급식을 만든다고?
- 층간 소음 보복, 안 돼!

죄지은 사람, 머그샷 공개하기로

요즘에 정말 무서운 범죄가 늘어나고 있어. 길거리에서 이유 없이 사람들을 해치고 다니는 사람도 있고, 대낮에 모르는 사람을 해치기도 해.

범죄자가 잡히면 보통 뉴스에 나오지. 그런데 얼굴을 가리고 고개를 푹 숙이고 옷으로 뒤집어쓰는 등 자꾸 스스로 숨기려고 하다 보니까 사람들이 화를 내곤 했어. 나쁜 사람이니까 그 사람 개인 정보를 알려 주어야 한다면서 말이야.

범죄를 저지른다고 범죄자의 정보가 모두 알려지는 건 아니야. 알릴지 말지 결정하는 신상공개위원회에서 결정을 해야 해. 알리는 것으로 결정되면 공개되었는데 사람들이 불만을 갖는 부분이 있었어. 사진을 공개하는 경우 보통 증명 사진 같은 것을 보여 주는데, 실제랑 많이 다르다는 거야. 그래서 잡히고 나서 조사하는 곳에서 찍은 사진, 즉 '머그샷'을 공개해 달라는 요청이 많았지.

그런데 앞으로 그렇게 될 가능성이 높아졌어. 의무적으로 공개해야 한다는 법, '머그샷 공개법'이 법의 절차 중 한 단계를 넘어섰거든. 잡히면 범죄자가 원하지 않더라도 찍어야 해. 그리고 30일 이내에 공개해야 할 거야.

좋아요   따뜻해요   화나요   슬퍼요   놀라워요   오, 알겠어요

 퀴즈
- 죄지은 사람이 잡히고 나서 조사하는 곳에서 찍은 사진을 뭐라고 해? (ㅁㄱㅅ)
- 죄지은 사람은 잡혀도 개인 정보 때문에 모습을 공개할 수 없다. (O, ×)

 미니 논술
범죄자 신상 공개를 어느 정도까지 해야 할까? 얼굴, 이름, 나이, 사는 곳, 가족 관계, 직업 중 어느 정도를 공개해야 할지 생각해 봐.

\#   \#   \#   주제를 담아 해시태그를 말해 봐.   정답 머그샷, ×

아이 사진을 SNS에 올리려면?

부모가 아이 사진을 SNS에 올리는 경우가 있어. 약 80%의 부모가 자녀 사진을 SNS에 올린 적이 있다고 하고, 아이의 동의를 구해 본 적이 있다는 답은 40% 정도였어. 부모 등의 양육자가 SNS에 아이 사진을 올리는 것을 '셰어런팅'이라고 해. '공유(share)'와 '양육(parenting)'을 합친 말이야.

그런데 이렇게 아이의 뜻과 상관없이 사생활이 담긴 사진을 누구나 보는 SNS에 올리면, 아이의 초상권을 해칠 수 있어. 범죄에 나쁘게 사용될 수도 있지. 실제로 영국의 어느 기업은 아이들의 신분이 다른 사람에 의해 나쁘게 사용되는 경우, SNS에 올린 사진 때문일 거라고 추측하고 있어.

그런가 하면 현재 프랑스에서는 부모가 아이에게 동의를 구하지 않고 사진을 올리면, 아이가 부모를 상대로 소송을 걸 수도 있게 하고 있어. 부모가 잘못한 것이 밝혀지면 벌금이나 징역형에 처하기도 하지.

전문가들도 아이 사진을 올릴 때는 아이의 동의를 구해야 한다고 말하고 있어. 유명인들은 아이 사진에 모자이크 처리를 하거나 아예 공개하지 않기도 해.

좋아요　따뜻해요　화나요　슬퍼요　놀라워요　오, 알겠어요

퀴즈
· SNS에 아이 사진을 올리는 것은? (ㅅㅇㄹㅌ)
· 아이 사진을 동의 없이 올리면 부모가 처벌 받도록 하는 나라도 있다. (O, ×)

미니논술
부모가 아이의 동의 없이 SNS에 사진을 올리는 것, 어떻게 생각해?

\#　　\#　　\#

정답 셰어런팅, O

3 난이도 ★★ 사회 경제 교육 과학 환경 국제   월   일

악플을 금지하니, 다른 곳에 늘어나는 악플

다음이나 네이버 같은 포털 사이트에서는 연예, 스포츠 기사에 댓글을 못 쓰도록 댓글창을 막아 두고 있어. 지나친 악플 때문에 고통받는 이들이 늘면서 이렇게 하기로 한 거지. 그런데 여기에서 댓글을 막아 두니까 유튜브나 인스타그램 같은 다른 곳으로 가서 악플을 쓰는 사람이 많아지고 있대. 한곳을 억누르면 다른 곳이 튀어나오는 '풍선 효과'가 생겨난 거야. 실제로 조사를 해 보니까, 댓글을 막아 둔 곳의 기사를 보는 사람들이 적어지고 댓글을 쓸 수 있는 곳으로 이동하기도 했대.

이렇게 포털 사이트 댓글을 막는 것만이 중요한 것이 아니라, 온라인상에서 전체적으로 악플을 달지 못하게 하는 방법이 무엇일지 생각해 보아야 한다는 의견도 있어. 어떤 이들은 악플을 막아서 좋다고 하지만, 또 어떤 사람들은 기사를 보는 사람들이 자유롭게 글을 쓰는 것을 금지하는 것은 나쁘다고도 하지. 악플을 다는 사람들만 처벌해야 한다는 거야.

우리 사회는 예전부터 악플 때문에 문제가 많았어. 학교에서도 따로 시간을 마련해 인터넷 예절 교육을 해야 한다는 말은 늘 나오고 있지.

좋아요 따뜻해요 화나요 슬퍼요 놀라워요 오, 알겠어요

 **퀴즈**
- 한곳을 억누르면 다른 곳이 튀어나오는 현상을 뭐라고 해? (ㅍㅅ ㅎㄱ)
- 모든 온라인 공간에서 연예, 스포츠 기사에 댓글을 막아 두었다. (O, ×)

 **미니 논술**
악플을 막기 위해, 포털 사이트에서 댓글을 막아 두는 것, 어떻게 생각해? 막는 것 말고 다른 방법이 있을까?

#   #   #

정답 풍선 효과, ×

2022년 출생한 아이의 기대 수명

 태어난 사람이 앞으로 몇 살까지 살지 기대되는 나이를 '기대 수명'이라고 해. 통계청에서 발표했는데, 2022년 태어난 아이의 기대 수명은 82.7살이라고 해. 그런데 83.7살까지 산다는 결과도 있어. 이건 코로나19가 사라진 상황을 예상하고 예측한 나이야. 현재는 코로나19가 끝났다고 나라에서도 선언했으니 83.7살로 보는 것이 더 맞지.

 그간 기대 수명이 조금씩 늘어났는데 이번 조사에서는 아주 작은 차이로 늘었어. 1970년에는 기대 수명이 62.3살이었는데 의료 기술도 발달하고, 소득도 늘어나면서 기대 수명도 조금씩 늘었지. 경제협력개발기구(OECD) 평균에 비해서 우리나라는 높은 편이라서 장수(오래 사는 것) 국가에 들어섰어.

 2022년에 태어난 아이가 건강한 상태로 지낼 것으로 예측하는 기간은 65.8년이야. 남은 기간은 질병을 가지고 살 가능성이 높지. 만약 의료 기술이 더 발달하면 기대 수명도 더 늘어날 거라고 해.

 기대 수명이 늘어나다 보니 한편에서는 어떻게 건강하게 살 것인지에 대해 관심이 많아. 오래 살수록 건강해야 가족의 건강도 잘 돌볼 테니까.

 좋아요　 따뜻해요　 화나요　 슬퍼요　 놀라워요　 오, 알겠어요

퀴즈
- 태어난 사람이 앞으로 몇 살까지 살지 기대되는 나이는? (ㄱㄷ ㅅㅁ)
- 기대 수명이 늘어난 까닭이 뭔지 말해 봐.

미니 논술
오래 사는 것과 건강하게 사는 것 중 무엇이 더 좋을까?

\#　　\#　　\#

정답 기대 수명, 의료 기술 발달과 늘어난 소득

의사 되기 쉽지 않아!

우리나라에서 의사가 되려면 의과 대학을 졸업해야 해. 그리고 또 하나의 방법이 있어. 우리나라 의대가 아닌 외국 의대를 졸업해도 의사가 될 수 있거든. 그런데 외국에서 의과 대학을 졸업한 다음 의사 국가 시험(우리나라에서 의사가 되기 위한 시험)에서 합격한 사람이 10명 중 3명 정도라고 해. 의사 국가 시험을 본 10명 중 9명 정도가 합격하는 것에 비하면 매우 낮은 결과지.

영국, 호주, 러시아 등 38개의 나라, 총 159개의 대학 중 하나를 졸업하면 우리나라에서 의사 국가 시험을 볼 수 있어. 그런데 그 전에 먼저 그 나라에서 의사 면허를 따야 해. 그리고 우리나라에서 예비 시험에 합격해야 하고, 그다음에 다시 의사 국가 시험을 보아야 해.

외국의 의과 대학을 졸업하고 우리나라에서 예비 시험에 합격하는 사람은 10명 중 3명 정도인데, 그다음 시험인 의사 국가 시험에 합격하는 사람이 다시 10명 중 3명이라는 거야. 그중 영국에서 공부한 사람의 합격률이 가장 높았어.

 좋아요　 따뜻해요　 화나요　 슬퍼요　 놀라워요　 오, 알겠어요

 **퀴즈**
- 의사가 되기 위해 보는 시험으로 예비 시험 다음에 보는 시험은? (ㅇㅅ ㄱㄱ ㅅㅎ)
- 어느 나라든 의대를 졸업하면 우리나라에서 의사가 될 수 있다. (○, ×)

 **미니 논술**
외국 의대를 졸업하고 절차를 거쳐 우리나라에서 의사가 될 수 있게 하는 것, 좋은 것일까?

\#　　　\#　　　\#

정답 의사 국가 시험, ×

펨펫족을 위한 항공사들의 노력

　비행기를 운행하는 여러 항공사가 펨펫족을 대상으로 다양한 서비스를 제공하고 있어. '펨펫족'은 가족(Family)하고 동물(Pet)을 합쳐서 만든 말로 반려동물을 가족으로 여기는 사람들을 뜻해.

　요즘 반려동물과 함께 비행기를 타고 여행하는 사람들이 많아지다 보니, 항공사들도 이를 놓치지 않는 거지. 예를 들어 에어서울은 반려동물이 비행기를 3번째 타면 요금을 반으로 할인해 줘. 6번째 탈 때는 무료로 탈 수 있게 해 주기로 했어. 제주항공도 반려동물 할인 제도가 있고, 반려견 여행 도시락도 판매하고 있대. 아시아나항공의 경우 반려동물과 비행기를 타면 간식이나 사료 등을 무료로 주기도 했대. 한국관광공사와 LG유플러스 그리고 제주항공은 반려동물과 함께 하는 여행을 활성화하기 위해 서로 협력하기로 했어. 물론 항공사의 정책은 시기마다 다를 수 있으니 그때그때 확인해 봐야 해.

　항공사들은 이뿐 아니라 유기견을 위해서 기부하거나 봉사도 하는 등 동물을 위한 좋은 일도 하고 있어.

 좋아요　 따뜻해요　 화나요　 슬퍼요　 놀라워요　 오, 알겠어요

 **퀴즈**
- 반려동물을 가족으로 여기는 사람들을 뭐라고 할까? (ㅍㅍㅈ)
- 항공사들이 펨펫족을 위해 여러 노력을 하고 있다. (O, ×)

 **미니 논술**
반려동물과 비행기를 탈 수 있는 것, 어떻게 생각해?
좋은 점은 무엇이며 혹시 문제가 있다면 무엇일까?

\#　　　\#　　　\#

정답 펨펫족, O

결식아동 한 끼 급식비 9000원

　2024년 경상남도 지역에서 결식아동 급식비를 8000원에서 9000원으로 올렸어. '결식'은 밥을 먹지 못하는 것을 말하고 '결식아동'은 밥을 먹지 못하는 아이들을 말해.

　급식비를 올리기로 한 이유는 식사 가격도 많이 올랐기 때문이야. 물가에 맞춘 거지. 그리고 예전에 비해 밥을 사 먹을 수 있는 곳도 늘렸어. 편의점이나 빵집, 반찬 가게, 마트 같은 곳에서도 식사를 할 수 있어.

　집이 매우 가난하고 어려운 아이들은 주말이나 방학, 명절 연휴 때는 식사를 하기 힘들어. 그래서 급식비를 주기로 한 건데, 지역마다 밥을 먹을 수 있는 곳이나 금액은 조금씩 달라. 급식비를 올리기로 한 이번 결정으로 아이들이 따뜻하게 밥을 먹고 행복하게 자라기를 바라고 있어.

　그런데 결식아동들이 급식 카드를 사용할 때 어려움이 있기도 해. 급식 카드로 살 수 없는 것도 있다 보니, 결제할 때 안 된다고 하면 부끄럽기 때문에 사용을 꺼리는 거야. 그래서 경기도에서는 올해 7월부터 배달 앱으로 비대면 주문이 가능하도록 할 거라고 해.

 좋아요　 따뜻해요　 화나요　 슬퍼요　 놀라워요　 오, 알겠어요

- 형편이 어려워 밥을 먹지 못하는 아이들을 뭐라고 해? (ㄱㅅㅇㄷ)
- 전국의 결식 아동 급식비가 올라갔다. (O, ×)

- 결식아동 급식비는 얼마가 적당할까?
- 결식아동 급식비로 식사할 수 있는 곳은 보통 정해져 있는데, 이렇게 정해 두어야 할까?

\#　　　\#　　　\#

정답　결식아동, ×

노인 급식비가 결식아동 급식비의 반도 안 된다니

　우리 사회에는 노인이 많아. 노인 중에는 형편이 어려워서 식사를 제대로 하기 힘드신 분들도 있지. 노인이다 보니 몸도 불편한 경우가 많아 돈을 벌기 쉽지 않아. 나라에선 노인이 식사를 할 수 있도록 노인 급식비를 마련해서 드리고 있어.

　현재 가장 많이 주는 곳은 서울시 마포구, 그리고 제주시인데 4500원이라고 해. 보통은 2300원~4500원 정도이고. 금액이 너무 적다 보니까 충분히 드시지 못하는 경우가 생기고 있어. 노인은 음식 소화 능력이 떨어져서 노인에게 맞는 음식을 드셔야 하는데 그것도 쉽지 않지.

　가난해서 밥을 먹지 못하는 결식아동 급식비는 올린 곳이 있어. 그런데 노인 급식비가 이것의 반도 안 되는 금액이기에 더 문제가 되고 있지. 우리나라는 노인이 많고 다른 나라에 비해 가난한 노인이 많아. 그리고 앞으로 점점 더 많아질 거라서 노인 급식비에 대해 빨리 의논해 보아야 해.

　전라북도 장수군의 경우 식사를 못하는 노인 수를 조사해서 무료 식사를 더 늘릴 거라고 해. 아동 급식비와 비슷한 수준으로 올리는 정책도 추진한다고 해.

좋아요　따뜻해요　화나요　슬퍼요　놀라워요　오, 알겠어요

 퀴즈
- 나라에서 노인이 식사하도록 드리는 돈을 뭐라고 하지? (ㄴㅇ ㄱㅅㅂ)
- 노인 급식비가 결식아동 급식비의 반도 안 된다. (○, ×)

 미니 논술
결식아동 급식비, 노인 급식비는 각각 어떤 기준으로 책정되면 좋을까?

\#　　\#　　\#

정답 노인 급식비, ○

노 탕후루 존이 생기고 있어

　탕후루 열풍이 식지 않고 있어. 탕후루는 과일에 설탕과 물엿 코팅을 해서 먹는 중국 간식이야. 우리나라에 들어와 인기를 끄는가 싶더니 지금은 10대들의 최고 간식이 되었어. 초, 중, 고등학교 근처에서 탕후루를 파는 가게를 어렵지 않게 찾을 수 있어. 요즘은 자신의 집에서 탕후루를 만들어 먹는 모습을 SNS에 올리는 사람도 많아. 잘 만드는 법에 대한 영상도 인기를 끌고 있지.

　그런데 이런 탕후루가 요즘 골칫거리라고 해. 탕후루는 과일을 꼬치에 꽂는 건데, 다 먹고 난 꼬치를 아무 데나 버리고 가는 사람들이 있어. 뾰족해서 위험한데 무심코 만졌다가 다치는 사람도 있지. 또 시럽이 바닥에 뚝뚝 떨어져 있어서 불편해 하는 사람도 많아. 탕후루 가게 주변의 사장님들은, 손님들이 탕후루를 들고 들어와 먹고 쓰레기를 그냥 버리고 간다는 불만을 말하기도 해. 어느 피시방 사장님이 커뮤니티에 관련 글을 올리기도 했어. 탕후루를 들고 들어온 손님들이 키보드에 시럽을 떨어뜨리고는 닦지 않고 가는 일이 많다는 거야. 다 먹은 쓰레기를 컴퓨터 뒤쪽에 놓고 가기도 한다고 해. 그래서 '노 탕후루 존'이라며 탕후루를 아예 들고 들어오지 못하게 하는 가게들이 늘어나고 있어.

좋아요	따뜻해요	화나요	슬퍼요	놀라워요	오, 알겠어요

- 탕후루를 들고 들어오지 못하게 하는 곳을 뭐라고 해? (ㄴ ㅌㅎㄹ ㅈ)
- 탕후루가 인기를 끌면서 쓰레기 문제가 생겨나고 있다. (O, ×)

어떤 음식점에서 산 음식을 또 다른 가게에 들고 들어가도 될까?

\#　　　\#　　　\#

정답 노 탕후루 존, O

인형 뽑기 방 도난 사건

경기도 어느 인형 뽑기 방에서 남자아이들 세 명이 새벽에 돈을 훔쳐 달아나는 일이 벌어졌어. 무인 가게이기 때문에 주인이 없었는데 나중에 CCTV를 확인해 보니 참 어려 보였다고 해. 세 아이는 아무렇지 않게 돈이 들어 있는 기계의 문을 열어 돈을 가지고 달아났어. 금액이 400만 원이나 된다고 하지.

가게 주인이 신고했는데, 경찰에서는 범인이 너무 어리고 그 전에 저지른 죄가 없으면 잡기 힘들 수 있다고 했대. 주인은 세 남자아이가 열쇠를 가져가 버려서, 또 훔치러 올까 봐 가게를 못 열어 둔다고 해.

이번 사건뿐 아니라 주인 없는 가게에서 도둑질하는 사람이 늘어나고 있대. 빨래방부터 무인 사진관, 아이스크림 가게, 과자 가게 같은 곳 말이야. 10살~19살의 범인이 가장 많았고, 주로 돈이 들어 있는 기계를 열거나 부순 다음 돈을 훔쳐 간다고 해.

나쁜 일을 저질러도 벌을 받지 않는 만 10세 이상, 14세 미만을 '촉법 소년'이라고 하는데, 이들의 범죄가 점점 늘어나면서 한편에서는 촉법 소년을 없애야 한다는 이야기도 해. 이들도 벌을 주어야 한다는 거지.

 좋아요   따뜻해요   화나요   슬퍼요   놀라워요   오, 알겠어요

 **퀴즈**
- 나쁜 일을 저질러도 벌을 받지 않는 만 10세 이상, 14세 미만 아이를 뭐라고 하지? (ㅊㅂ ㅅㄴ)
- 무인 가게에 어린 도둑들이 늘고 있다. (O, ×)

 **미니 논술**
무인 가게에 도둑을 줄이려면 어떻게 해야 할까?

\#   \#   \#

정답 촉법 소년, O

스쿨 존에서 드라마 촬영을?

 '스쿨 존'은 어린이의 안전을 지키기 위해 정해진 곳을 말해. 유치원, 초등학교, 특수학교 등의 주변을 뜻하는 거지. 어린이를 지키기 위해 만든 곳인데 가끔 안타까운 사고가 일어나서 차들도 천천히 다니게 하고 있어. 차가 아예 다니지 못하게 하는 곳도 있지.
 그런데 스쿨 존에서 아이들이 학교에 가는 아침에 드라마를 찍었다고 해. 길을 막고 드라마를 찍는 데 필요한 물건들을 늘어놓아 아이들이 학교에 가기 불편했지. 아이를 데리고 학교에 가던 학부모들이 이 광경을 보고 화를 내기도 했어. 드라마를 찍을 거라면 아이들이 안전하게 가도록 지도해 주어야 하는데 그런 사람도 없었다고 해.
 자전거도로도 막아서 아이들이 차도(차가 다니는 길)로 가야 했지. 화가 난 사람들이 뭐라고 하자 드라마를 찍는 사람들은 그제서야 사과했어. 좀 더 안전하게 촬영하고 나쁜 일이 생기지 않도록 조심하겠다고 했지.
 한편 경찰은 스쿨 존의 노란 횡단보도를 예전보다 더 늘린다고 했어. 스쿨 존이 시작되고 끝나는 지점 표시를 늘린다고 했지. 단속도 더 강화할 거야. 그만큼 스쿨 존은 어린이들의 안전을 위해 신경 써야 할 곳인데 드라마 촬영을 했다니 아쉬운 일이지.

좋아요	따뜻해요	화나요	슬퍼요	놀라워요	오, 알겠어요

퀴즈
· 어린이를 지키기 위해 학교 주변에 지정해 둔 곳을 뭐라고 하지? (ㅅㅋ ㅈ)
· 자동차가 아예 다니지 못하게 하는 스쿨 존도 있다. (o, ×)

미니 논술 스쿨 존에서 해야 하지 말아야 하는 일이 있다면 무엇일까?

#   #   #

정답 스쿨 존, o

| 12 | 난이도 ☆ | 사회 | 경제 | 교육 | 과학 | 환경 | 국제 | | 월   일 |

'마라탕후루'에 푹 빠진 10대

　'마라탕후루'라는 신조어(새로 생긴 말)가 생겼어. 요즘 10대(10살~19살)들이 식사로는 마라탕을 먹고 후식으로는 탕후루를 먹는데 푹 빠져 있다 보니 이런 단어까지 생긴 거야.

　이로 인해 건강이 걱정된다고 해. 마라탕은 맵고 짜고, 탕후루는 너무 달아 자주 먹으면 좋지 않으니까. 마라탕 1인분에 들어 있는 나트륨은 1일 권장량(하루 동안 먹으면 적당한 양)과 비슷해. 그날 먹는 다른 음식까지 합하면 나트륨을 너무 많이 먹게 되는 거지. 또한 탕후루는 과일의 단맛에 물엿과 설탕의 단맛이 더해져서, 하루에 먹으면 적당한 당의 양인 50g을 넘길 수도 있다고 해.

　이렇게 맵고 짜고 단것을 자주 먹으면 살이 찌는 건 물론이고 나이가 어린데 당뇨가 생길 수도 있대. 요즘 10대들은 주로 SNS를 하면서 보내 운동량도 많지 않아 더 문제일 수 있고. 실제로 어린이와 중, 고등학생의 비만이 늘어났다고 질병관리청이 밝혔어.

　한편에서는 단순히 못 먹게 하지 말고 10대들이 마라탕후루에 열광하는 이유를 알아야 한다고 해. 공부와 학업 스트레스가 심하다 보니 자극적인 것을 찾게 된다는 거지.

좋아요	따뜻해요	화나요	슬퍼요	놀라워요	오, 알겠어요

· 마라탕후루를 많이 먹으면 문제가 되는 까닭은 뭘까?
· 10대들의 건강에 빨간 불이 켜지고 있다. (○, ×)

10대들이 건강한 식습관을 가지려면 어떻게 해야 할까?

\#　　　　\#　　　　\#　　　　　　정답 살이 찌고 어린 나이에 당뇨에 걸릴 수도 있다. ○

설날, 추석이 국가 무형 유산

　설과 대보름, 한식, 단오, 추석, 동지 등의 명절이 국가 무형 유산이 된다고 해. 연극이나 무용, 음악처럼 눈에 보이지 않는 것 중 가치가 높아서 우리가 잘 지키고자 하는 것을 '무형 유산'이라고 해.

　설은 우리나라 최대 명절로, 떡국을 먹고 세배를 드리지. 단오는 음력 5월 5일로, 씨름, 그네뛰기 같은 전통 놀이를 해. 음력 8월 15일 추석에는 송편을 만들어 먹어. 한식은 동지 후 105일째 되는 날인데 제사를 지내고 성묘를 가기도 해. 동지는 12월 22일이나 23일쯤인데 팥죽을 먹으며 나쁜 일을 막고자 해.

　우리의 명절은 삼국 시대에 시작해서 지금까지 이어져 오면서 우리나라의 문화를 대표할 수 있고, 가치가 높아서 국가 무형 유산으로 정하는 거야. 국가 무형 유산은 문화재청에서 정하는데, 2015년 '아리랑'을 지정하는 것으로 시작되었어.

　문화재청은 이번에 명절을 국가 무형 유산으로 지정하기로 하면서, 우리 모두 다시 공동체가 무엇인지 생각해 보고, 우리 역사와 문화가 다양한 교육과 놀이 안에 스며들기를 바란다고 했어.

 좋아요　 따뜻해요　 화나요　 슬퍼요　 놀라워요　 오, 알겠어요

· 눈에 보이지 않는 것 중 가치가 높아서 우리가 잘 지키고자 하는 것을 뭐라고 할까? (ㅁㅎ ㅇㅅ)
· 우리나라의 첫번째 국가 무형 유산은 판소리이다. (○, ×)

우리나라의 소중한 유산을 잘 기억해야 한다면 그 이유는 무엇일까?

\#　　　\#　　　\#

정답 무형 유산, ×

노인이 가난한 나라

우리나라는 노인 빈곤율이 경제협력개발기구(OECD) 국가 중 가장 높아. 빈곤은 가난하다는 의미이고, 빈곤율을 그 정도를 의미하지.

76세 이상 노인 2명 중 1명은 가난해. 특히 노인 중 여성이 남성보다 더 가난하다고 해. 일할 때 남성보다 월급이 적은 편이어서 나중에 받는 연금도 적고, 수명도 더 길기 때문이야.

노인 3명 중 1명은 생활비를 벌기 위해 여전히 일을 한다고 해. 우리나라는 현재 60세까지를 일하는 나이로 정하고 있는데, 65세로 늘리자고 하는 의견이 있어. 그래야 일을 그만두고 너무 어렵게 사는 것을 막을 수 있으니까. 그런데 실제로는 법적으로 정해진 60세가 아니라 49세에 그만두어야 하는 일도 꽤 있다고 해.

한편 우리나라는 2025년이면 초고령 사회에 들어가. 65세 이상 노인이 전체 인구 중 7% 이상이면 고령화 사회, 14% 이상이면 고령 사회, 20% 이상이면 초고령 사회인데 우리나라는 2025년~2026년쯤 초고령 사회가 될 거라고 보고 있어.

 좋아요   따뜻해요   화나요   슬퍼요   놀라워요   오, 알겠어요

 **퀴즈**
- 65세 이상 노인이 전체 인구의 20% 이상인 사회를 뭐라고 하지? (ㅊㄱㄹ ㅅㅎ)
- 일하는 나이를 60세에서 65세로 늘리자고 하는 까닭은 뭐지?

 **미니 논술**
- 법적 정년(일할 수 있는 나이)을 65세로 늘리는 것, 어떻게 생각해?
- 노인이 덜 가난하게 살려면 어떻게 해야 할까?

정답 초고령 사회, 60세 이후 일을 못하면 가난하게 살 가능성이 높기 때문

암표 때문에 공연 취소한 유명 가수

　유명 가수가 공연을 준비했는데 암표가 너무 많아 공연을 전면 취소했어. '암표'는 본래의 가격에 가격을 더 붙여서 불법으로 몰래 파는 입장권을 말해. 작은 공연이었는데 이렇게 불법으로 암표를 파는 사람이 있다 보니 고민 끝에 공연 자체를 취소하기로 한 거야.

　해당 가수는 관객 모두가 정당한 금액을 내고 볼 수 있게 할 방법을 생각한 후에 다시 공연을 하겠다고 말했어. 또한 공연 참석을 원하는 사람들에게는 정당한 방법으로만 표를 구매해 달라고 말했어.

　유명 가수나 배우들이 공연할 때, 또는 스포츠 경기가 있을 때마다 암표 문제는 늘 있어 왔어. 공연이나 스포츠를 꼭 보고 싶어하는 사람들의 간절한 심리를 이용해서 적으면 2~3배, 많으면 그 이상의 금액으로 몰래 사고파는 거야.

　이러한 암표 거래는 2020년에 비해 2022년에는 무려 10배가 넘게 증가했어. 전문적으로 암표를 파는 사람도 있거든. 최근 한 정치인은 이 암표를 없애기 위해 여러 시도를 하겠다고 말하기도 했어. 처벌도 더 강하게 할 거라고 해.

퀴즈
- 본래 가격보다 가격을 더 붙여 불법으로 사고파는 입장권은? (ㅇㅍ)
- 해당 가수는 암표 문제로 공연을 더 이상 하지 않기로 했다. (○, ×)

미니 논술
좋아하는 공연을 보기 위해 암표를 사는 사람과 파는 사람에 대해 어떻게 생각해?

정답 암표, ×

노란 버스가 무엇이길래?

　노란 버스 때문에 체험 학습을 취소하는 학교가 무척 많았어. 노란 버스는 어린이 통학 버스를 말해. 법에 따르면 13살 미만 어린이는 학교에 갈 때 안전 장치가 있는 노란 버스만 이용할 수 있어. 그런데 나라에서 현장 학습을 갈 때도 노란 버스를 이용해야 한다고 한 거야.

　경찰청에서는 2023년 여름, 체험 학습을 갈 때 어떤 버스를 사용할지 미리 신고하라고 했어. 중요한 건 체험 학습을 가려는 학교에 비해 전국에 노란 버스가 너무 적었다는 거야. 그래서 2학기가 되면서 학교마다 노란 버스를 구하려고 애썼어. 하지만 잘 되지 않아 결국 체험 학습이 취소되는 경우가 너무 많았지.

　이 때문에 잔뜩 기대하던 어린이들은 실망이 컸어. 게다가 체험 학습을 예약했던 곳에서는 취소 때문에 손해가 생겼으니 학교에 물어내라고 하는 경우도 많았지. 그런데 이후 국토교통부가 법을 개정하면서, 현장 체험 학습 버스가 꼭 노란색일 필요는 없게 되었어. 또한 일부 지역에서는 한 학급 단위로 체험 학습을 가게 되면 차량을 지원해 준다고도 했어. 이제부터는 체험 학습이 잘 이루어질지 관심이 모아지고 있어.

좋아요　따뜻해요　화나요　슬퍼요　놀라워요　오, 알겠어요

- 어린이가 타는 통학 버스를 뭐라고 부르지? (ㄴㄹ ㅂㅅ)
- 체험 학습이 갑자기 취소되는 학교가 많았던 까닭은 뭐야?

- 13살 미만 어린이가 통학할 때 노란 버스만 타야 한다는 것, 어떻게 생각해?
- 다시 이렇게 체험 학습이 취소되는 일이 없으려면 어떻게 해야 할까?

\#　　　\#　　　정답　노란 버스, 노란 버스만 이용하라고 했는데 노란 버스가 너무 부족했기 때문.

강아지 공장, 이대로 괜찮은 걸까?

2023년 9월 경기 화성시에 있는 어느 강아지 농장에서 강아지 1400마리가 구조됐어. 강아지들은 위로 쌓아 올린 케이지에 갇혀 있었어. 생명이 위독할 정도로 상태가 좋지 않은 강아지들도 있었다고 해.

그때 농장 안에서는 안락사(주사를 놓아 편안하게 죽음에 이르게 하는 것)를 위한 주사 약물이 발견되었어. 이곳은 강아지 공장처럼 강아지를 억지로 교배(짝짓기)시켜서 새끼를 낳게 해서 파는 곳이었어.

이렇게 반려동물을 생산하는 것을 동물 생산업이라고 불러. 하지만 강아지들이 너무 괴로울 정도로 억지로 새끼를 계속 낳게 하기 때문에 강아지 공장이라는 표현이 생겼지.

이를 동물 학대라며 문제를 이야기하는 사람들이 늘어나자 정부에서는 허가를 받아서 운영하도록 하고 있어. 지금 우리나라에 허가 받은 강아지 공장은 2200곳이라고 해. 23만 마리 강아지가 그 안에서 억지로 새끼를 낳고 있어.

 좋아요   따뜻해요   화나요   슬퍼요   놀라워요   오, 알겠어요

 퀴즈
- 강아지 공장은 어떤 일을 하는 곳이야?
- 허가를 받으면 강아지 공장을 운영할 수 있다. (O, ×)

 미니 논술
허가를 받고 강아지 공장을 운영하게 하는 것, 어떻게 생각해?

\#   \#   \#   정답 강아지를 억지로 교배시켜 새끼를 낳아 파는 곳, O

경기도 급식실이 좋아진다

경기도에서 학교 급식실의 환경을 더 좋게 바꾸겠다고 했어. 우선 급식실에서 일하는 사람을 더 늘리기로 했어. 요리할 때 나오는 나쁜 공기를 내보내고 공기를 바꾸어 주는 환기 시설도 더 좋은 것으로 바꾼다고 해. 급식실에서 일하는 분들이 건강 검진을 받을 수 있게 한다고도 했지. 2027년까지 모두 끝내는 것을 목표로 하고 있어.

이렇게 하기로 한 것은 '조리흄'이라는 나쁜 물질 때문에 폐암에 걸리는 분들이 늘어나기 때문이야. 조리흄은 음식을 튀기고 볶을 때 나오는 물질 중에 암을 일으키는 물질이야. 국제암연구소에서 이 조리흄이 폐암과 관련이 있다고 발표한 적이 있었지. 지금은 급식실에서 일하다 폐암에 걸리면 일하다 생긴 병으로 인정하고 보상해 주고 있어.

튀김 요리도 일주일에 두 번 아래로 줄이고 되도록 오븐을 사용한다고 하니, 급식실에서 일하는 분들의 걱정을 덜 수 있지 않을까 기대하고 있어. 한편 일부 지역에서는, 채소와 과일 먹는 날을 더 늘리는 등 학생들의 건강을 위해서도 변화를 시도하고 있어.

 좋아요   따뜻해요   화나요   슬퍼요   놀라워요   오, 알겠어요

퀴즈
- 음식을 튀기고 볶을 때 나오는 물질 중 암을 일으키는 물질은? (ㅈㄹㅎ)
- 급식실의 환경을 더 좋게 바꾸려는 이유는 뭐야?

미니 논술
- 급식실에서 일하다 병에 걸린다면 누구의 책임일까?
- 급식실에서 일하는 분들의 건강을 지킬 수 있는 또 다른 방법은 무엇이 있을까?

정답 조리흄, 급식실에서 일하는 분들이 폐암에 걸리는 일이 많아지고 있기 때문이다.

스마트폰 중독 어린이가 늘어나

　스마트폰 중독인 것 같다면서 상담을 받은 어린이가 5년 사이에 두 배나 늘었어. 10명 중에 6명은 10대라고 해. 한국지능정보사회진흥원에서 발표했는데, 2022년 상담이 5만 건이 넘었다고 해.

　10대와 10대가 되지 않은 어린이, 즉 10살 이전의 아이들도 스마트폰 의존이 심해지고 있어. 코로나 이후에 더 심각해졌다고 해. 스마트폰에 너무 의존하면 말하는 능력, 생각하는 능력, 이해하는 능력이 모두 부족해질 거라고 의사들은 걱정하고 있어. 만약 이런 상황이 계속되면 사회 전체적으로 심각해지겠지.

　너무 어릴 때부터 스마트폰을 자주 보면 잠을 못 잘 수도 있다고 해. 자라면서 점점 더 사용하게 될 거고. 세계보건기구(WHO)는 10대들이 하루 스마트폰을 사용하는 시간을 1~2시간 이하로 제한해야 한다고 말하고 있어.

　요즘은 숏폼이 유행이라, 숏폼 중독이라는 말까지 나오고 있어. 매우 짧은 영상을 반복해서 보다 보면 스스로 생각하는 능력을 잃게 될지도 몰라.

 좋아요　 따뜻해요　 화나요　 슬퍼요　 놀라워요　 오, 알겠어요

 **퀴즈**
- 너무 어릴 때부터 스마트폰을 자주 보면 어떤 문제가 생기지?
- WHO에서 권장하는 하루 스마트폰 사용 시간은 2~3시간이다. (O, ×)

 **미니 논술**
- 10대의 스마트폰 사용 시간을 줄일 수 있는 현실적인 방법은 무엇일까?
- 스마트폰은 몇 살부터 사용해도 된다고 생각해?

\#　　　\#　　　\#

정답 잠을 못 자고 점점 더 사용하게 된다. ×

줄어들지 않는 스쿨 존 사고

어린이 보호 구역 즉 스쿨 존에서 신호를 지키지 않거나 정해진 속도보다 빨리 달리는 차를 감시할 수 있는 장비가 1년 사이 2배로 늘어났어. 그런데 사고는 그대로라고 해. 2021년보다 2022년에 감시 카메라 등의 장비를 더 늘렸는데도, 사고는 줄지 않았다는 거야. 2021년에 스쿨 존에서 난 교통사고는 523건, 2022년에는 514건이야.

우리나라는 2020년 3월 민식이법(2019년 스쿨 존에서 사고를 당한 민식이의 이름을 따서 만들어진 법으로 스쿨 존의 단속 카메라 설치, 사고를 낸 사람의 처벌 등에 대한 내용이 담겨 있다.)이 생겨서 스쿨 존의 사고를 바로 알아볼 수 있는 무인 장비 등을 꼭 설치해야 해. 교통사고를 낸 사람에게는 벌도 더 강하게 주기로 했어. 그래서 전국의 스쿨 존에 장비가 늘어난 거지.

스쿨 존 사고를 줄이기 위한 하나의 방법으로, 좁은 길은 차가 한쪽으로만 다니게 하는 일방통행 길로 만들기도 해. 하지만 차들이 다니기 불편하고, 주민들이 반대한다는 이유로 만들지 못한 곳도 있지. 법이 강하게 바뀌었는데도 스쿨 존 사고가 줄어들지 않는 것에 대해 심각하게 고민해 봐야 해.

 좋아요　 따뜻해요　 화나요　 슬퍼요　 놀라워요　 오, 알겠어요

 퀴즈
- 스쿨 존에서 신호 위반, 속도 위반을 한 차를 감시할 장비가 늘어나 사고도 줄었다. (○, ×)
- 2019년 스쿨 존 사고 피해자 민식이 이름을 따서 만든 법은? (ㅁㅅㅇㅂ)

 미니 논술
- 스쿨 존 사고가 줄어들게 하려면 어떻게 해야 할까?
- 스쿨 존에서 사고를 일으킨 사람에게 적당한 벌은 어떤 것일까?

\#　　　\#　　　\#

정답 X, 민식이법

공공기관에 고졸 직원 줄었다

　공공기관은 여러 사람의 이익을 목적으로 하는 곳이야. 도서관이나 경찰서, 소방서, 보건소, 학교, 우체국, 주민센터 같은 곳이지.

　고등학교까지만 다니면 고졸, 전문대까지만 다니면 전문대졸, 4년제 대학을 나오면 대졸이라고 불러. 공공기관에 고졸로 뽑힌 사람 수를 조사해 봤는데, 4년 만에 많이 줄어들었어. 2023년 몇 개월간을 알아보니 100명 중 고졸인 사람은 7명도 되지 않았다고 해.

　회사나 가게를 시작하는 것을 창업이라고 하는데, 이렇게 회사를 세우거나 가게를 시작하는 사람 중에서도 고졸인 사람이 줄어들었어. 고졸인 사람이 주로 시작하는 사업은 음식점이나 서비스업이 많고, 전문대졸 이상의 사람은 교육이나 과학 쪽의 회사를 창업했어.

　우리나라가 공공기관에서 직원을 뽑을 때 대졸만 너무 좋아하는 것은 아닌지 염려된다는 의견이 있어. 우리나라가 더 발전하려면 고졸이어도 많은 기회가 주어져야 하는 것은 아닌지 말하는 이들도 있지.

 좋아요　 따뜻해요　 화나요　 슬퍼요　 놀라워요　 오, 알겠어요

- 여러 사람의 이익을 목적으로 하는 기관은? (ㄱㄱㄱㄱ)
- 공공기관에서 고졸을 뽑는 경우가 줄었다. (O, ×)

- 공공기관에서는 학력과 상관없이 직원을 뽑아야 한다는 것에 대해 찬성해, 반대해?
- 이유는 뭐야?

\#　　\#　　\#

정답 공공기관, O

| 사회 | 경제 | 교육 | 과학 | 환경 | 국제 |

우리나라에서 쌍둥이 판다 태어나!

2023년 우리나라에서 처음으로 쌍둥이 판다가 태어났어. 이름은 루이바오, 후이바오야. 루이바오는 슬기로운 보물, 후이바오는 빛나는 보물이라는 뜻이래. 쌍둥이 판다는 태어나자마자 폭풍 성장하고 있어.

판다는 태어나서 한 달 정도 되면 눈을 뜨고 사람처럼 뒤집기와 배밀이를 해. 이빨도 나기 시작하지. 너무 아기일 때는 어미가 쌍둥이를 돌보기 힘들 수 있어서 사육사들이 함께 돌보았어. 태어난 지 4개월이 되면 어미가 쌍둥이를 같이 돌볼 수 있어. 좀 더 자라 적응한 루이바오, 후이바오는 2024년 초부터 일반 관람객에게도 공개되었어.

쌍둥이 판다의 이름은 사람들에게 알려 아이디어를 받아서 결정한 거야. 사람들이 지은 많은 이름 중 투표를 해서 정한 거지. 온라인, 오프라인 합쳐 70만 명이나 되는 사람들이 투표를 했어.

지금까지 몸무게가 순조롭게 늘어 폭풍 성장 중이야. 이들을 돌보는 사육사들은 힘들지만 그만큼 행복이 크다고 했어.

 좋아요   따뜻해요   화나요   슬퍼요   놀라워요   오, 알겠어요

퀴즈
- 우리나라에서 처음으로 쌍둥이 판다가 태어났다. (○, ×)
- 쌍둥이 판다를 사육사들이 함께 돌보는 까닭은 뭐야?

미니 논술
동물원에서 새끼를 태어나게 하고, 또 사람들에게 공개하는 것의 장점과 단점은 무엇일까?

\#   \#

정답 ○, 어미가 쌍둥이를 돌보기 힘들 수 있기 때문이다.

스쿨 존 속도 제한, 바닥에도 표시

　스쿨 존(어린이 보호 구역)에서는 사람이 적은 밤 시간대에는 속도를 조금 더 낼 수 있게 되어 있어. 그런데 이 표시를 바닥에도 해 놓을 거라고 해. 지금도 속도 제한 표시는 전광판 등으로 보여 주고 있지만, 바닥에도 표시하면 운전하는 사람이 좀 더 쉽게 볼 수 있거든.

　이렇게 스쿨 존에서 시간에 따라서 속도를 다르게 하는 것을 '스쿨 존 시간제 속도 제한' 이라고 해. 원래 스쿨 존은 시속 30㎞인데, 밤 9시부터 다음날 아침 7시까지는 다니는 사람이 많지 않아 40~50㎞로 달릴 수 있게 하고 있어.

　스쿨 존의 시간제 속도 제한은 2023년 9월부터 시작했는데 전국적으로 총 11개의 곳에서 시행되고 있어. 전국으로 확대할 거라고 하지만 일부 지역은 반대에 부딪쳐 시행하지 못하고 있어. 아무리 밤 시간이라 해도 아이들에게 위험할 수 있다며 일부 시민들이 반대하는 거야. 스쿨 존 시간제를 시범적으로 운영하는 동안 과속하는 차량이 늘었다는 것을 이유로 들고 있지.

좋아요　　따뜻해요　　화나요　　슬퍼요　　놀라워요　　오, 알겠어요

· 스쿨 존에서 시간에 따라 속도를 다르게 하는 것은? (ㅅㅋ ㅈ ㅅㄱㅈ ㅅㄷ ㅈㅎ)
· 스쿨 존 시간제 속도 제한은 전국 모든 곳에서 이루어지고 있다. (O, ×)

시간대에 따라 스쿨 존 속도를 다르게 하는 것, 어떻게 생각해?

\#　　　\#　　　\#

정답　스쿨 존 시간제 속도 제한, ×

키오스크와 로봇이 많아지니 불편해?

최근 가게에서 판매 관련 일을 하는 사람의 숫자가 급격하게 줄어들고 있어. 사람들이 온라인에서 물건을 많이 사기도 하고, 오프라인 가게에는 손님이 직접 메뉴를 선택하고 결제까지 하는 키오스크와 음식을 나르는 서빙 로봇이 늘어났기 때문이라고 분석하고 있어.

주문과 결제, 음식 나르기만 기계가 하는 것이 아니야. 사장님도 머물지 않아 아예 사람이 없는 무인 가게들이 많이 늘어나는 추세야. 과자점, 카페, 문구점, 세탁소 등 무인으로 운영하는 업종이 점점 늘고 있지.

그런데 한편으로는 이런 변화를 힘들어하는 분들이 있어. 바로 키오스크 사용이 익숙하지 않은 노인들이지. 키오스크는 보통 스마트폰 화면과 비슷한데, 스마트폰에 익숙하지 않은 일부 노인들은 키오스크도 어색할 수밖에 없어. 뒤에 줄 서 있는 젊은 사람들 눈치가 보여 주문하려다 말고 나오는 경우도 있다고 해.

그래서 일부 지역에서는 어르신들이 이를 잘 사용하실 수 있게 하기 위해 교육을 하기도 해. 교육할 사람을 뽑아서 친절하게 알려드리는 거지.

좋아요	따뜻해요	화나요	슬퍼요	놀라워요	오, 알겠어요

- 고객이 직접 메뉴를 선택하고 결제까지 하는 기계를 뭐라고 해? (ㅋㅇㅅㅋ)
- 키오스크 시스템은 모든 이에게 편리함을 준다. (○, ×)

키오스크 등의 기계에 익숙하지 않은 노인을 지원하는 방법은 뭘까?

# # #

정답 키오스크, ×

자녀 3명 이상이면 버스전용차로 이용?

　'저출산고령사회위원회(저고위)'라는 곳이 있어. 저출산과 고령화를 해결하기 위한 여러 방법을 고민하고 해결책을 마련하는 곳이야.

　저고위에서 아이가 3명 이상 있는 가정은 고속도로에서 버스만 다니는 버스전용차로를 이용할 수 있게 해 주는 방안을 논의하고 있어. 현재는 9인 이상 타는 차에 6명 이상이 타고 있으면 버스전용차로를 이용할 수 있어. 저출산이 문제이다 보니 아이를 더 낳게 하려는 방법 중 하나로 생각한 거지.

　그 밖에도 다자녀 가구에게 여러 혜택을 주려고 검토하고 있어. 공영 주차장 요금을 할인해 주기도 해. 육아를 위해 자동차를 살 때 정해진 조건이 맞는다면, 세금을 줄여 주기로 했어. 박물관 등 문화 시설을 이용할 때 할인도 해 주지. 철도를 이용할 때도 할인해 줘.

　'다자녀 가구'는 자녀가 많은 집을 이야기하는 건데, 나라마다 기준이 좀 달라. 우리나라는 자녀가 3명 이상이면 다자녀 가구로 분류했고, 지역에 따라 2명인 경우도 다자녀 가구로 인정했어. 그런데 2024년부터는 자녀가 2명이어도 다자녀 가구 혜택을 준다고 해.

 좋아요　 따뜻해요　 화나요　 슬퍼요　 놀라워요　 오, 알겠어요

- 저출산, 고령화 문제 해결을 위한 방법을 마련하는 단체는? (ㅈㅊㅅㄱㄹㅅㅎㅇㅇㅎ)
- 다자녀 가구에 주는 혜택은 무엇이 있어?

다자녀 가구에 줄 수 있는 또 다른 혜택은 무엇이 있을까?

\#　　　\#　　　\#

정답 저출산고령사회위원회, 주차장 요금 할인 등

유튜브, 10대에게 나쁜 영상은 보이지 않게!

　유튜브는 자주 보는 영상과 비슷한 영상을 화면에 자주 보여 줘. 그렇다 보니 한번 보았던 것과 비슷한 것을 계속 보게 될 가능성이 있지.

　유튜브가 10대 구독자들에게 나쁜 영상을 반복해서 보지 않도록 하는 기능을 만든다고 해. 미국에서 먼저 시작해서 다른 나라도 하게 되었어. 또 10대 구독자들이 영상을 오래 보면, 경고하는 문구도 잘 보이게 넣을 거라고 해. 휴식이나 수면 알림도 60분마다 화면에 더 크게 보여 줄 거야.

　10대 구독자를 보호하기 위해서 이렇게 하는 것이지. 예를 들어 너무 많이 마른 사람을 멋지다고 생각하게 하는 다이어트 영상 같은 걸 반복적으로 보이지 않게 해 주는 거야. 공격적인 내용이 있는 다른 나쁜 영상도 마찬가지고.

　아무래도 10대는 성인보다 판단력이 부족할 수 있어. 그래서 그런 영상을 반복해서 보면 자신에 대해 만족을 못하고 심지어 자신을 싫어하고 미워할 수 있다고 해.

좋아요　따뜻해요　화나요　슬퍼요　놀라워요　오, 알겠어요

 **퀴즈**
- 반복 시청하는 영상은 10대에게 잘못된 판단을 하게 할 수 있다. (○, ×)
- 10대 구독자를 보호하기 위해 유튜브가 무엇을 하려는지 말해 봐.

 **미니 논술**
- 10대가 유튜브를 통해 나쁜 영향을 받지 않게 하려면 유튜브 측에서 해야 하는 일은 뭘까?
- 스스로 유튜브 시청 시간을 조절하려면 어떻게 해야 할까?

정답 ○, 나쁜 영상을 반복적으로 보지 못하게 하는 기능을 만든다.

개 식용 금지 특별법 추진

　2027년부터 개를 잡아먹기 위해 사육하거나 도살하는 것, 유통하거나 판매하는 것이 모두 법으로 금지돼. 개고기를 판매하는 식당 등은 문 닫을 준비를 해야 해서 3년의 기간을 둔 후에 2027년부터 단속에 들어간다고 해. 이 법을 만들면서 축산법에서 말하는 '가축'에서 개가 제외되기도 했어.

　만약 먹기 위한 목적으로 개를 도살하면 3년 이하의 감옥살이를 하거나, 3000만 원 이하의 벌금을 내야 해. 먹기 위한 목적으로 키우고, 유통하는 것도 벌을 받아.

　개 식용 금지법이 발표되고 나서 많은 동물 단체와 시민들이 기뻐하고 있어. 그간 개를 잡아먹는 것에 꾸준히 반대하며 동물의 권리를 위해 애써왔거든.

　이 법에 대해 찬성하지 않는 이들도 있어. 개 식용 관련 일을 하는 곳들은 생계가 어렵다면서 전부터 반대해 왔어. 또 다른 문제도 있어. 이런 곳이 문을 닫으면 남은 개들을 안락사시키거나 유기할 가능성이 높다고 해. 이 법으로 인해 문을 닫게 되는 곳을 지원하는 것도 이번 법의 내용에 포함되어 있지만, 실질적인 지원이 부족하다는 의견이 많아.

 좋아요　 따뜻해요　 화나요　 슬퍼요　 놀라워요　 오, 알겠어요

- 개 식용을 멈추게 하기 위한 법이 시행되면 금지되는 일은 무엇인지 말해 봐.
- 특별법 시행 후 바로 단속에 들어간다. (O, X)

개 식용을 법으로 금지하는 것 어떻게 생각해?

\#　　　\#　　　\#

정답　개를 먹기 위해 키우고 죽이고 유통하는 일, X

| 28 | 난이도 ★★ | 사회 경제 교육 과학 환경 국제 | 월 일 |

'외로움'이 담배만큼 해로워

　세계보건기구(WHO)에서 '외로움'이 담배만큼 해롭다면서 세계 보건 위협으로 규정했어. 그리고 외로움 문제를 해결하기 위해 이것을 도맡아서 하는 기관인 국제위원회를 열었어. 외로움이라는 감정은 흡연, 음주, 비만과 마찬가지로 사람에게 참 해롭다고 해. 우울증을 앓게 하기도 하고, 심혈관 관련 병을 일으키기도 하지. 노인의 경우에는 위험성이 더 커지고.

　코로나19 팬데믹이 시작되면서 갑자기 일을 쉬는 사람들, 혼자 있게 되는 사람들이 많아지면서 사람들이 외로움의 문제를 중요하게 생각하게 되었어. 그 결과 이렇게 세계보건기구에서도 문제점을 인식하고 국제위원회까지 열게 된 거야.

　세계보건기구는 외로움이 건강에 주는 영향, 활발한 사회 활동의 효과 등을 연구해서 도울 거라고 해. 현재 전 세계적으로 나이와 상관없이 외로움으로 인해 건강에 위협을 받는 사람들이 많아. 외로움은 결국 세계적인 문제이기에 모든 나라가 관심을 가져야 할 거야.

| 좋아요 | 따뜻해요 | 화나요 | 슬퍼요 | 놀라워요 | 오, 알겠어요 |

 **퀴즈**
· 세계보건기구에서 담배만큼 해롭다고 규정한 것은? (ㅇㄹㅇ)
· 외로움이 주는 문제는 뭔지 말해 봐.

 **미니 논술**　국민의 외로움 문제를 국가가 나서서 해결하려고 하는 까닭은 뭘까?

\#　　　\#　　　　　　　　　　　**정답** 외로움. 우울증, 심혈관 관련 병 등을 일으킬 수 있다.

청소년의 직업 선택 기준 1위는?

통계청에서 2023년 사회 조사를 했어. 조사 결과 청소년 중 약 35% 정도가 미래 직업을 선택할 때 수입, 즉 얼마나 버는지를 가장 중요하게 생각한다고 답했어. 2013년에는 2위였던 것이 이 기준이 2019년 이후로는 계속 1위를 차지하고 있어.

그다음으로 중요하게 생각하는 건 적성과 흥미, 얼마나 안정적인지, 발전 가능성이 있는지, 명예가 주어지는 직업인지 등이야. 명예, 가치 등의 기준은 전체 순위 내에서 조금씩 밀려나고 있어.

직업 선택에서 얼마나 버는지가 중요하다 보니 원하는 직업도 달라지고 있어. 전에는 공무원이었는데 지금은 대기업으로 변해가는 거지.

사람이 살아가기 위해선 돈이 필요하고, 경제가 어려울수록 더욱 그렇기 때문에 이런 결과가 나타난 것으로 보고 있어.

한편에서는 직업의 다양성에 대해 교육해야 한다는 의견이 있어. 세상에는 정말 다양한 직업이 있고 학생들의 적성과 특기가 모두 다를텐데 너무 경제적인 관점으로만 직업을 보는 것은 바람직하지 않기 때문이야.

 좋아요   따뜻해요   화나요   슬퍼요   놀라워요   오, 알겠어요

- 청소년 중 약 35%가 미래 직업을 택할 때 중요하게 여긴 것은? (ㅅㅇ)
- 수입 다음으로 적성과 흥미, 안정성 순으로 직업 선택 기준을 말했다. (O, ×)

직업을 선택할 때 가장 중요하게 고려해야 하는 건 뭘까?

\#　　　\#　　　\#

정답 수입, O

당근 칼 금지하는 학교가 늘어

얼마 전부터 초등학생들 사이에서 당근 칼이 유행하고 있어. 달그락거리면서 돌리고 노는 건데, 동남아의 전통 칼 모양과 비슷하게 만든 장난감이야. 14세부터 사용할 수 있게 되어 있는데, 문구점 등에서 초등학생도 쉽게 구할 수 있어서 가지고 다니는 아이들이 많아.

게다가 SNS에서 이 칼을 가지고 노는 모습이나 잘 가지고 노는 법 등이 퍼지고 있다 보니, 아이들도 더 좋아하는 거야. 이를 보고 어른들은 걱정하고 있어. 손에 칼을 들고 흔들면서 노는 것 자체가 폭력성을 키울 수 있고, 플라스틱이지만 위험할 수도 있거든.

그런데 또 한편에서는 이런 장난감을 가지고 노는 것이 장기적으로 폭력성을 키우는지는 아직 정확히 밝혀진 것이 없다고 말하고 있어. 정확한 근거가 없다는 거야.

당근 칼이 계속 유행처럼 퍼져나가자 몇몇 교육청에서는 이를 금지한다며 각 학교로 공문을 내려보내기도 했어. 가지고 다니지 못하게 한다는 거야. 부모님들도 칼 모양의 장난감을 가지고 노는 것의 문제를 인식해서 잘 지도해야 해. 위험한 요소가 조금이라도 있다면 잘 가지고 노는 법을 알려 주거나, 아예 사 주지 않아야 한다고 전문가들은 말하고 있어.

좋아요	따뜻해요	화나요	슬퍼요	놀라워요	오, 알겠어요

 **퀴즈**
- 동남아 전통 칼 모양과 비슷하게 만든 장난감 칼은? (ㄷㄱㅋ)
- 당근 칼을 금지하는 이유를 말해 봐.

 **미니 논술**
- 당근 칼을 학교에 가져오지 못하게 하는 것 어떻게 생각해?
- 만약 학원에서 장난감을 가지고 오는 것에 제한을 둔다면, 그건 어떻게 생각해?

\#   \#   \#

정답 당근 칼, 폭력성이 키워지고 위험할 수 있다.

로봇이 급식을 만든다고?

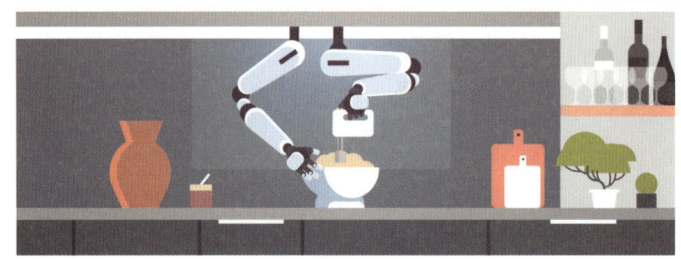

서울 한 중학교 급식실에 로봇이 왔어. 조리를 대신 해 주는 급식 로봇이야. 시교육청과 몇 단체가 함께 개발한 거야. 볶음이나 국, 튀김 요리 쪽에서 일하고 있대.

급식 로봇에는 어떤 재료를 언제 넣어야 하는지, 몇 도에서 조리해야 하는지 입력이 되어 있어. 조리법도 정확하게 저장되어 있고. 물론 그 내용은 조리사들이 상황에 맞게 바꿀 수도 있지.

급식실의 조리사는 학교의 학생과 선생님들이 먹을 많은 양의 급식을 만들다 보니 만성 통증 등의 질병이 있는데, 급식 로봇 덕에 편해졌다는 반응이 많았다고 해. 학생들도 로봇이 한 음식이 맛있다고 했어. 사람이 많은 양의 요리를 하다 보면 실수할 수도 있는데 로봇이 하니 오히려 더 정확할 수 있는 거지. 앞으로 이 급식 로봇이 조리사가 부족한 곳은 물론 조리사의 건강을 위해서 다른 학교에도 생길 수 있을지 기대하고 있어.

 좋아요   따뜻해요   화나요   슬퍼요   놀라워요   오, 알겠어요

- 급식 로봇의 장점을 말해 봐.
- 전국 학교에 급식 로봇이 제공될 예정이다. (O, ×)

급식 로봇이 조리하는 것, 어떻게 생각해?

#   #

정답 급식 조리사의 질병 예방이 되고 실수도 줄일 수 있다. X

장애인은 놀이공원을 이용할 수 없다고?

경기도 용인시에 있는 한국민속촌에서 어느 청년이 범퍼카를 타려고 했는데, 입구에서 막아서 타지 못하는 일이 있었어. 건강상으로 문제 없는 사람이었지만, 발달장애가 있다는 것이 그 이유였어. 혼자 타면 위험하다는 거지.

이 청년뿐 아니라 다른 장애가 있는 사람들이 놀이공원에서 이런 경험을 자주 한다고 해. 청각장애가 있다는 이유로 놀이기구를 못 탄 경우도 있어. 청각장애인이 운전 면허를 딸 수 있다는 것을 생각하면 조금 이상한 이야기이기도 하지. 그 밖에도 전동 휠체어를 탔다는 이유로 케이블카를 못 탄 경우도 있어. 부피가 커서 위험하고 비장애인이 오래 기다릴 수 있다는 이유였어.

장애의 정도와 상관없이 장애인이 놀이기구를 타지 못하는 일이 이렇게 자주 일어나고 있어. 하지만 이건 장애인 차별 금지법을 위반하는 것일 수도 있어. 사람들이 행복하고 즐겁게 이용하는 놀이공원에서 장애인들이 소외되는 것은 생각해 보아야 할 문제라는 의견도 나오고 있어.

좋아요 　 따뜻해요 　 화나요 　 슬퍼요 　 놀라워요 　 오, 알겠어요

 **퀴즈**
- 장애인에게 놀이기구 이용을 제한한 이유는 뭔지 말해 봐.
- 장애인이 놀이기구를 못 타게 하는 건 장애인 차별 금지법에 위반될 수 있다. (O, ×)

 **미니 논술**
장애를 가진 사람은 놀이기구를 타지 않아야 할까?

\#　　　\#　　　\#

정답 다칠 수 있고 비장애인이 오래 기다릴 수 있다. O

시각장애인도 롤러코스터 탈 수 있다

2015년 어느 시각장애인이 에버랜드에서 롤러코스터를 타려고 했는데, 놀이공원 측에서 타지 못하게 한 일이 있었어. 그래서 이 사람은 시각장애인이 놀이기구를 탈 수 있도록 해 달라며 소송(둘 사이에 어떤 문제가 있는 경우, 재판을 통해 일을 해결하길 바라며 법원에 요청하는 것)을 했어. 당시 에버랜드는 시각장애인을 차별한 것이 아니라, 위험할 것 같아 못 타게 한 거라는 주장을 했지.

그렇게 8년이 흘렀고, 판결이 나왔어. 시각장애인이 롤러코스터를 못 타게 하는 건 차별이라는 거야. 에버랜드 측에서 시각장애인이 타지 못하게 한 놀이기구들이 그들에게 특별히 더 위험하지 않다는 거야. 이후 에버랜드는 판결에 따라 장애인도 놀이기구를 탈 수 있도록 개선하려는 준비에 들어갔어.

우선 규정을 조금씩 바꾸고 있어. 몇몇 놀이기구에는 이 놀이기구를 타기 위해서는 어느 정도의 시력이 필요하다는 문구가 있는데, 그것도 고치기로 했어. 안전한 이용 방법, 문제가 생기면 대처하는 법 등을 정리하고, 직원 교육도 하고 있어.

 좋아요   따뜻해요   화나요   슬퍼요   놀라워요   오, 알겠어요

퀴즈
- 시각장애인이 롤러코스터를 못 타게 하는 건 차별이 아니라는 판결이 나왔다. (○, ×)
- 판결 이후 에버랜드 측이 준비하고 있는 것은 뭔지 말해 봐.

미니 논술
시각장애인이 놀이기구를 타지 못하게 하는 건 차별일까, 보호 조치일까?

\#   \#   \#

정답 ×, 장애인도 탈 수 있도록 개선하고 규정도 바꿈.

| 난이도 ☆☆ | 사회 | 경제 | 교육 | 과학 | 환경 | 국제 | 월 일 |

새벽 재난 문자에 놀라서 깬 시민들

　2023년 11월 30일 새벽, 경주에서 규모 4.0의 지진이 났어. 2023년 일어난 지진 중 두 번째로 큰 지진이야. 육지에서 일어난 지진 중에서는 규모가 가장 컸지. 경주 주변의 울산, 경남, 대구, 부산 등에서도 지진이 느껴졌어.

　그런데 이 지진으로 전국에 새벽 재난 문자가 발송되어서 불만을 표시한 사람들이 있었어. '재난'은 국민에게 위험을 줄 수 있는 것으로 태풍, 홍수, 폭풍, 폭설, 지진, 가뭄 등을 뜻하는 말이고, 재난이 났을 때 국가에서는 국민들에게 문자를 보내. 그게 '재난 문자'야. 그런데 이번 경주 지진이 났을 때 경주와 멀리 떨어진 수도권(서울, 인천, 경기도)에도 재난 문자가 발송되어 사람들이 새벽에 잠이 깨서 불편했다는 거야.

　재난 문자를 보내는 데는 기준이 있어. 재난은 그 크기에 따라서 위급 재난, 긴급 재난, 안전 안내로 나뉘어져 있어. 내륙에서 4.0~5.0, 해역에서 4.5~5.0의 지진이 발생하면 전국으로 문자가 발송돼. 그 이하는 재난이 발생한 곳에서 가까운 곳 중심으로 발송이 돼.

 좋아요　 따뜻해요　 화나요　 슬퍼요　 놀라워요　 오, 알겠어요

 퀴즈
- 재난이 났을 때 국민들에게 보내는 문자는? (ㅈㄴ ㅁㅈ)
- 모든 재난은 전국으로 문자가 발송된다. (O, X)

 미니 논술
전국에 새벽 재난 문자가 발송되는 것에 대해 어떻게 생각해?

\#　　　\#　　　\#

정답 재난 문자, X

병원 가지 않고도 진료받을 수 있다

고혈압이나 당뇨처럼 오랜 시간 관리해야 하는 병의 경우, 1년 이내 방문한 곳이라면 같은 질병에 대해 병원에 가지 않고도 진료받을 수 있게 되었어. '비대면 진료'라고 하지. 그 밖의 다른 병이라면 30일 이내 방문한 병원에서 비대면 진료가 가능해.

쉬는 날, 그리고 밤에는 어린아이도, 어른도 비대면 진료를 받을 수 있어. 어딘가 아픈 느낌이 든다면 진료받은 적이 없는 병원이라도 비대면 진료를 해 달라고 할 수 있어. 이전에는 18세 미만 아이들의 경우 진료는 받지만, 약을 처방받지 못했는데 앞으로는 처방도 받을 수 있어. 물론 처방받은 후 약국에 가서 약을 사야 하지.

아무런 제한 없이 비대면 진료가 가능한 곳도 늘린다고 해. 병원이 가깝지 않은 섬이나 교통편이 좋지 않은 곳을 98곳 더 찾아 비대면 진료가 가능하게 했어.

병원에서 의사들의 진료 중단 사태가 있을 때 정부에서는 비대면 진료를 일시적으로 모두에게 허용했어. 그랬더니 비대면 진료를 이용하는 환자가 급격히 늘었다고 해.

 좋아요　 따뜻해요　 화나요　 슬퍼요　 놀라워요　 오, 알겠어요

 **퀴즈**
- 병원에 직접 가지 않고 하는 진료는? (ㅂㄷㅁ ㅈㄹ)
- 방문했던 병원에서만 비대면 진료가 가능하다. (O, X)

 **미니 논술**
비대면 진료의 장단점을 생각해 봐.

\#　　\#　　\#

정답 비대면 진료, X

산촌에도 외국인 노동자가 온다

　산간 지역에도 일손이 부족해지고 있어서 이곳에서 일하는 외국인 노동자가 늘고 있어. 외국인 노동자는 우리나라에서 일하기 위해 외국에서 온 사람이야. 비전문 취업 비자로 우리나라에 오는데, 들어오면 3년 동안 일할 수 있고, 비자를 연장하면 1년 10개월 동안 더 일할 수 있어.

　산촌에선 숲을 가꾸는 일, 나무를 자르는 일 등을 해. 그간 일손이 부족하니 외국인 노동자가 일할 수 있게 해 달라는 요청이 있었는데, 그 일이 이루어지게 된 거야. 외국인 노동자가 산촌에서 일을 안정적으로 하고, 외국인 노동자를 직원으로 뽑아 함께 일하는 고용주도 잘할 수 있도록 교육도 한다고 해.

　현재 우리나라에 사는 외국인은 250만 명을 넘어섰어. 자연스럽게 여러 분야에서 외국인 노동자도 많아지고 있어. 특히 물건 만드는 일과 관련된 업종에는 대부분 외국인 노동자가 종사하고 있어. 외국인 노동자가 많아지는 만큼 일하다 다치는 문제 등 고민하고 해결해야 할 것도 늘고 있어.

| 좋아요 | 따뜻해요 | 화나요 | 슬퍼요 | 놀라워요 | 오, 알겠어요 |

퀴즈
- 우리나라에서 일하기 위해 외국에서 온 사람은? (ㅇㄱㅇ ㄴㄷㅈ)
- 물건 만드는 일을 하는 업종은 특히 외국인 노동자가 많다. (○, ×)

미니 논술　외국인 노동자가 많아지면 생길 문제와 해결 방법을 생각해 봐.

\#　　　\#　　　\#

정답　외국인 노동자, ○

| 37 | 난이도 ☆ | 사회 | 경제 | 교육 | 과학 | 환경 | 국제 | | 월   일 |

가난한 1인 가구가 늘고 있다

　우리나라 1인 가구의 평균 소득(일한 대가로 얻는 돈)이 전체 가구의 65% 정도밖에 안 된다고 해. 1인 가구 중에서도 특히 노인 가구의 약 70%는 가난하게 살고 있어. 혼자 사는 청년 가구의 약 37%도 가난하게 살고 있어. 매월 버는 돈뿐 아니라 자산(돈으로 바꿀 수 있는 가지고 있는 재산)도 적다고 해.

　지역에 따라서도 차이가 있어. 도시에 사는 1인 가구 중 가난한 가구는 43% 정도인데, 농촌과 어촌에 사는 1인 가구 중 가난한 가구는 55% 정도 된다고 해. 농어촌의 1인 가구가 더 가난한 거지.

　1인 가구는 말 그대로 가족 구성원이 한 명인 가구를 말해. 전체 가구의 3분의 1이 1인 가구야. 우리나라는 1960년대, 핵가족이 많이 늘었는데 그보다 더 단순한 형태가 1인 가구야. 1인 가구는 일본에서 먼저 많이 늘었는데 지금은 우리나라도 점점 늘고 있어. 전에는 가족 형편상 어쩔 수 없이 혼자 사는 이들이 많았다면 지금은 스스로 선택한 사람도 많아.

좋아요　　따뜻해요　　화나요　　슬퍼요　　놀라워요　　오, 알겠어요

 퀴즈
- 가족 구성원이 한 명인 가구는? (1ㅇ ㄱㄱ)
- 스스로 선택해서 혼자 사는 가구가 늘고 있다. (O, ×)

 미니 논술
가난한 1인 가구는 국가에서 지원해 주어야 할까?

\#　　　\#　　　\#

정답 1인 가구, O

금수저가 억만장자 될 확률 높다

　스스로의 노력으로 성공하는 것을 '자수성가'라고 해. 반면 부모로부터 많은 재산을 물려받아 부자가 되는 경우는 '금수저'라고 하지. 스위스 UBS 은행이 발표한 보고서에 따르면, 2023년 1조 원 이상의 재산을 가진, 그야말로 억만장자 중에는 재산을 물려받은 부자가 스스로 노력해서 성공한 사람보다 많았어. 2015년 이후 처음이라고 해. 앞으로 약 20년 간은 억만장자가 자녀에게 많은 재산을 물려줄 거라고 내다보고 있어.

　조사 결과, 2021년에 억만장자들의 재산이 가장 많았어. 우리 돈으로 무려 13조가 넘지. 코로나 이후 주식과 부동산 가격이 크게 오르면서 이미 재산이 많은 이들의 재산이 더 늘었을 거라고 보고 있어. 반면 경제가 불안정해지면서 부모 도움 없이 스스로의 힘으로 부자가 되는 것이 조금 더 힘들어졌다고 볼 수 있지.

　한편 부모에게 재산을 물려받은 부자들은 부모들에 비해서 다른 이를 돕는 일에는 관심이 적다고도 밝혀졌어. 부모들의 3분의 2는 다른 이를 돕는 일에 관심이 있다고 했는데, 그 자녀들은 그에 못 미치는 관심도를 보였다고 해.

좋아요	따뜻해요	화나요	슬퍼요	놀라워요	오, 알겠어요

- 스스로의 노력으로 성공하는 것을 뭐라고 해? (ㅈㅅㅅㄱ)
- 억만장자들의 재산이 점점 늘어나는 까닭을 말해 봐.

- 부자가 꼭 되어야 할까?
- 부모에게 물려받는 재산이 없을 때 어떻게 사는 것이 현명할까?

\#　　　\#　　　\#　　　**정답** 자수성가, 주식과 부동산 가격이 오르기 때문이다.

주민 횡포에 시달리는 경비원

경비원이 아파트 주민에게 차를 빼 달라고 했다가 욕을 들은 사건이 있었어. 주민은 왜 차를 빼라고 하냐면서 욕설과 함께 경비원을 그만두게 하겠다는 협박까지 했다고 해. '공부를 못했으니 이런 일을 한다.'라는 나쁜 말을 서슴지 않는 경우도 있었어. 경비원들이 일부 성품이 좋지 않은 주민들의 횡포(자기 멋대로 하며 매우 나쁘게 구는 것)에 시달리는 거야.

이런 행동을 갑질이라고 해. 사회적으로 좀 더 유리한 위치에 있는 사람이 지위를 이용해서 상대를 자신의 마음대로 하려고 하거나, 함부로 구는 태도를 말해.

사실 우리 사회의 이런 문제는 하루이틀 일이 아니야. 특히 경비원들이 이렇게 주민들에게 폭언을 듣거나 부당한 일을 당하는 경우가 많아 뉴스에도 종종 나오곤 해. 심지어 경비원이 더 이상 일을 못하도록 만드는 경우도 있어. 폭언이나 부당한 행동을 한 주민이나, 이런 주민의 편에서 함께 행동한 아파트 관계자들은 처벌도 너무 적게 받기 때문에 해결 방안이 시급해.

경비원뿐 아니라, 택배 기사에게 갑질하는 주민, 상점 직원에게 갑질하는 손님 등 우리 사회 곳곳에서 일어나는 갑질 문제 또한 우리 모두 생각해야 할 문제야.

좋아요	따뜻해요	화나요	슬퍼요	놀라워요	오, 알겠어요

- 주민들이 경비원을 함부로 대하는 일이 있다. (○, ×)
- 주민들이 경비원에게 횡포를 부리는 사례를 말해 봐.

- 경비원을 함부로 대하는 이유는 뭘까?
- 이런 일을 없애려면 어떻게 해야 할까?

정답 ○, 욕을 하거나 말을 함부로 한다. 일을 그만두게 한다.

출산율 0.7 한국은 사라지는 걸까

우리나라의 인구가 너무 빠르게 감소하고 있어. 이 현상을 우리나라뿐 아니라 해외에서도 주목하고 있지. 미국 뉴욕타임스(NYT)의 어느 칼럼 쓰는 사람은 한국의 상황이 위태롭다고 이야기했어. 전염병 때문에 인구가 많이 줄었던 14세기 유럽보다 더 빠르게 인구가 줄어든다면서 말이야.

우리나라 합계 출산율은 0.7%대야. '합계 출산율'은 한 여자가 가임 기간, 즉 임신할 수 있는 기간(15세~49세)에 낳을 것으로 기대되는 평균 출생아 수를 말해. 2023년 합계 출산율은 0.72로 1년 전보다 0.1명 줄어들었어.

이 정도라면 세대가 바뀔 때마다 인구수가 매우 빠르게 줄어들 거라고 해. 그럼 한국이 위태로워지는 거지. 이렇게 되면 젊은 세대는 해외로 이민을 많이 갈 거라는 이야기도 나오고 있어. 우리나라는 아이들이 어릴 때부터 입시 경쟁으로 많이 힘들어해. 이것도 저출산의 원인 중 하나로 보고 있어. 여러 각도에서 원인을 파악해서 해결하려고 노력해야 해. 인구 감소 자체도 문제지만 인구 오너스 문제(생산 가능한 인구수가 줄어들어 경제적으로 어려워지는 것)도 더 심해지고 있어. 우리나라의 미래가 걱정되지 않을 수 없어.

 좋아요   따뜻해요   화나요   슬퍼요   놀라워요   오, 알겠어요

 **퀴즈**
- 우리나라는 앞으로도 출산율이 떨어질 것으로 보인다. (O, ×)
- 우리나라의 저출산 원인 중 하나로 보고 있는 것은 뭔지 말해 봐.

 **미니 논술**
저출산이 계속되면 나라는 어떤 문제가 생길까?

\#   \#   \#

정답 O, 어릴 때부터 겪는 입시 경쟁

고독사를 걱정하는 국민이 이렇게 많다니

　혼자 사는 사람이 다른 사람이 모르는 상황에서 죽음을 맞이하는 것을 '고독사'라고 해. 이 말의 느낌이 좋지 않다며 '무연고 사망'이라고 부르기도 해. 그런데 우리나라 국민 10명 중에 1명이 자신이 고독사할 가능성이 80%를 넘을 거라고 말했어.

　자신이 고독사할 가능성이 높다는 답은 남자보다 여자가 더 많았어. 연령으로 보면 30대가 가장 많았지. 특히 자기 집을 가지고 있는 사람, 전세로 사는 사람, 월세로 사는 사람 중에서는 월세로 사는 사람이 자신의 고독사 확률을 높게 봤어.

　현재 혼자 사는 사람, 즉 1인 가구인 사람도 자신이 고독사할 가능성을 거의 50%라고 답했어. 또 소득이 낮은 사람일수록 자신의 고독사 확률이 높을 거라고 했지. 고독사는 일본에서 심각한 문제로 떠오른지 오래되었는데 지금은 우리나라도 비슷한 상황이야.

　한편 어느 지역에서는 고독사 안부 확인 서비스를 시작했어. 서비스를 신청한 사람의 전화에 한동안 통화 기록이 없거나 안부 전화에 답이 없는 경우 담당 공무원에게서 알림이 가는 거야. 현재 많은 이들이 이 서비스를 신청했다고 해.

좋아요	따뜻해요	화나요	슬퍼요	놀라워요	오, 알겠어요

- 고독사라는 말의 느낌이 좋지 않아 다르게 부르는 말은? (ㅁㅇㄱ ㅅㅁ)
- 자신이 생각하는 고독사 확률은 소득, 상황과 상관없이 같았다. (○, ×)

- 고독사를 줄이기 위해 나라에서 해야 할 일은 뭘까?
- 고독사는 나쁘기만 한 것일까?

\#　　　\#　　　\#

정답 무연고 사망, ×

옥스퍼드 사전이 뽑은 신조어

'리즈'라는 신조어가 있어. '이성을 끌어당기는 매력'이라는 뜻이지. 외모적으로 매우 뛰어나다기보다는 숨겨진 매력이 있다는 뜻이야. 이 단어는 2023년 옥스퍼드 사전이 선정한 '올해의 단어'였어.

'리즈' 말고도 '스위프티(swiftie)', '시츄에이션십(situationship)', '프롬프트(prompt)'라는 단어도 후보에 올랐어. '스위프티'는 세계 최고 팝스타 테일러 스위프트의 팬클럽, '시츄에이션십'은 친구도 연인도 아닌 남녀 관계, '프롬프트'는 인공지능(AI) 프로그램, 알고리즘 등에 입력되는 명령어야.

2022년에는 '고블린 모드'도 옥스퍼드 사전이 뽑은 신조어였어. 사회적으로 해야 하는 것, 기대 등을 거부하면서 자신이 하고 싶은 대로 하는 태도를 뜻하는 말이야. 이 말이 처음엔 부정적으로 쓰였지만 지금은 자유롭게 생각하고 행동하는 이 시대의 사람들을 잘 표현한다는 의견도 있어.

신조어를 보면 그 시대 사람들의 생활 모습이나 원하는 것, 좋아하는 것이 무엇인지 알 수 있어. 표준어는 아니지만 의미가 있는 거지.

 좋아요   따뜻해요   화나요   슬퍼요   놀라워요   오, 알겠어요

 퀴즈
- 사회적인 기대 등을 거부하며 하고 싶은 대로 하는 태도를 뜻하는 신조어는? (ㄱㅂㄹ ㅁㄷ)
- 옥스퍼드 사전이 뽑은 신조어로 리즈, 스위프티, 시츄에이션십 등이 있다. (O, ×)

 미니 논술
신조어가 계속 생겨나는 까닭은 뭘까?

\#   \#   \#

정답 고블린 모드, O

초소형 기저귀를 기부하는 회사

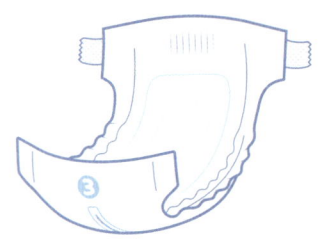

　임신 37주가 안 되어 태어나거나, 체중이 2.5kg 이하인 신생아를 '이른둥이'라고 해. 이른둥이를 위한 초소형 기저귀를 만들기 위해 다른 일반 제품 만들기를 잠시 멈추는 회사가 있어. '유한킴벌리'라는 회사야. 유한킴벌리는 이른둥이를 위한 기저귀를 6년째 만들고 있지.

　우리나라에서 이른둥이로 태어나는 아기는 10명 중 1명 정도야. 작게 태어나다 보니 면역력도 약하고, 병에 잘 걸릴 수 있어. 그래서 바로 인큐베이터 안에서 보살핌을 받기도 하지. 문제는 아기가 너무 작다 보니 맞는 기저귀가 없는데, 유한킴벌리에서 그걸 만드는 거야.

　이른둥이를 위한 기저귀는 크기가 휴대폰만 해. 만들기도 까다롭지. 그런데 이 회사에서는 2개월에 한 번은 다른 제품을 만들지 않고 이른둥이 기저귀를 만들고 있어. 그리고 이 기저귀는 이른둥이가 있는 병원에 무료로 보내. 유한킴벌리에서는 앞으로도 책임감을 갖고 이 일을 계속하겠다고 해.

 좋아요　 따뜻해요　 화나요　 슬퍼요　 놀라워요　 오, 알겠어요

· 임신 37주가 안 되어 태어나거나, 체중이 2.5kg 이하인 신생아는? (ㅇㄹㄷㅇ)
· 초소형 기저귀를 만드는 회사가 여럿 있다. (○, ×)

기업이 나서서 좋은 일에 앞장서면 어떤 면에서 좋을까?

\#　　\#　　\#

정답 이른둥이, X

가짜 뉴스에 약해지는 우리 아빠

정보를 보내는 매체를 '미디어'라고 해. 예를 들어 신문이나 잡지, 뉴스 같은 것 말이야. '리터러시'는 문자를 읽고 쓰는 능력이야. 이 미디어를 보면서 잘못된 것을 가려내고 비판할 줄 아는 힘을 '미디어 리터러시'라고 해.

40대가 넘어가면 미디어 리터러시가 부족해진다는 조사 결과가 나왔어. 비판적으로 이해하지 못하고 가짜 뉴스에 속기 쉽다는 거야. 학력이 낮을수록 미디어 리터러시 능력이 낮고, 수도권에 비해 지방, 남자에 비해 여자가 낮다고 해. 또 소득이 적을수록 낮아. 만 19살 이상 대략 1만 명을 대상으로 조사한 결과야.

미디어를 접할 때는 내용이 사실인지 아닌지부터, 혹시 어느 한쪽의 입장을 담고 있지는 않은지, 또 광고 등 돈을 벌기 위한 목적을 담고 있지는 않은지 생각해 보아야 해. 특히 요즘은 딥페이크(인공지능 기술을 바탕으로 만든 가짜 이미지, 음성, 동영상 등)처럼 사람들을 속일 수 있는 기술도 많아지고, 또 정교해지고 있어서 더욱 유의해야 해. 정보를 바르게 받아들여야 판단도 합리적으로 할 수 있어.

좋아요 따뜻해요 화나요 슬퍼요 놀라워요 오, 알겠어요

 퀴즈
- 미디어를 보면서 잘못된 것을 가려내고 비판할 줄 아는 힘은? (ㅁㄷㅇ ㄹㅌㄹㅅ)
- 미디어를 접할 때 보아야 할 것을 한 가지만 말해 봐.

 미니 논술
미디어 리터러시 능력을 키워야 하는 까닭은 뭘까?

정답: 미디어 리터러시, 한쪽의 입장만 담고 있지 않은지 보아야 한다.

중학생의 40%, 장래 희망 직업이 없다

초·중·고생을 대상으로 장래 희망을 조사했어. 초등학생이 원하는 직업은 운동 선수가 가장 많았고, 중·고등학생은 교사가 가장 많았지. 그런데 중학생의 약 40%는 아직 희망 직업이 없다고 했어. 이런 답이 점점 더 늘고 있다고 해.

초등학생이 운동 선수 다음으로 원하는 직업은 의사, 교사, 크리에이터, 요리사 순서야. 의사가 되고 싶다는 응답은 전해에 비해 늘었어. 중학생은 교사, 의사, 운동 선수 순이었어. 고등학생은 교사, 간호사, 과학자 순이야.

시대가 변하다 보니 전에 비해서는 교사가 되고 싶다는 아이들이 줄어든 반면, 빅데이터 관련 직업, 로봇 공학자 등의 새로운 업종을 원한다는 대답은 늘었어.

원하는 직업이 없다고 한 학생들은 지금 좋아하는 것이 무엇인지 모르겠다고 답했어. 특히 중학생의 경우 그런 답이 많았어. 자신이 좋아하는 것, 적성, 그리고 미래의 진로에 대해 부모님과 대화하는 경우는 초등학생보다는 중·고등학생이 많았어.

진로, 직업에 대한 정보는 주로 '커리어넷'에서 얻는다는 답이 많았고, 고등학생의 경우 대학에 가지 않고 창업(자신의 사업을 시작하는 일)한다는 대답도 그전에 비해 늘었어.

 좋아요   따뜻해요   화나요   슬퍼요   놀라워요   오, 알겠어요

 **퀴즈**
- 교사를 희망하는 아이들이 늘고 있다. (O, ×)
- 새롭게 장래 희망으로 떠오르는 업종을 말해 봐.

 **미니 논술**
미래 내가 원하는 직업은 몇 살부터 생각하거나 결정하면 좋을까?

\#   \#   \#

정답 ×, 빅데이터 관련, 로봇 공학자 등

일본, 셋째 낳으면 대학 등록금 무료

　일본은 낮은 출산율을 극복하기 위한 방법으로, 셋째를 낳으면 대학 등록금을 무료로 해 주려고 준비하고 있어. 2025년부터 시작할 거라고 하고, 각 가정의 소득은 상관이 없어. 어떤 대학에 가든 지원해 주는 거야. 입학금도 무료이고.

　지금까지는 1년 수입이 우리나라 돈으로 3400만 원이 되지 않는 다자녀 가정에만 대학 등록금을 지원해 주거나 장학금을 주었어. 그리고 2024년에는 소득이 우리나라 돈으로 약 5350만 원 이하면 지원을 해 줘. 2025년부터는 이런 제한도 없어지는 거지.

　한편 소득이 부족한 가정에는 셋째 아이부터 아동 부양 수당(아이를 키우는데 도움이 되도록 주는 돈)을 더 주기로 했어. 그리고 이 모든 지원금을 마련할 방법을 고민 중이라고 해.

　그동안은 이미 결혼한 부부가 자녀를 출산할 수 있는 정책을 마련하려고 애썼는데, 이제 결혼하지 않은 청년들을 대상으로 하는 정책도 고민하고 있어.

　일본의 저출산 문제는 심각해. 청년들이 취업, 월급보다 빠르게 오르는 물가, 일하면서 가정에 충실하기 어려운 회사 분위기 등으로, 결혼하고 아이를 낳지 않거나 미루는 비율이 점점 높아지고 있어.

좋아요	따뜻해요	화나요	슬퍼요	놀라워요	오, 알겠어요

 퀴즈
- 아이를 키우는 데 도움이 되도록 나라에서 주는 돈은? (ㅇㄷ ㅂㅇ ㅅㄷ)
- 일본은 2025년부터 소득에 따라 셋째 자녀의 대학 등록금을 지원한다. (O, ×)

 미니 논술
- 셋째를 낳았을 때 국가가 지원해 줄 수 있는 것은 무엇이 있을까?
- 일본에서 셋째의 대학 등록금을 지원해 주는 것은 저출산 문제 해결에 도움이 될까?

\#　　　\#　　　\#

정답 아동 부양 수당, ×

노 키즈 존을 운영하는 이유는?

어린이들이 출입하지 못하게 하는 곳을 '노 키즈 존(No Kids Zone)'이라고 해. 주로 카페나 음식점 같은 곳이지. 어린이들이 가게에서 소란을 피우거나 뛰어다니다가 다른 사람을 다치게 하는 등의 사고가 종종 발생하면서, 어린이를 들어오지 못하게 하는 곳이 조금씩 생기기 시작했어. 지금은 제법 많은 곳이 노 키즈 존으로 운영하고 있지.

어린이 출입 금지는 가게를 운영하는 사장님이 결정하는 문제야. 가게를 노 키즈 존으로 운영하는 가장 큰 이유는, 혹시라도 사고가 일어나면 책임져야 할 것이 너무 많아서라고 해. 실제로 그런 사례도 뉴스에 종종 나왔어. 아이의 잘못으로 손님이 본 피해를 사장님과 직원이 물어내라고 한 법원 판결도 실제 있었어.

가게 사장님들은 부모님이 좀 더 어린이를 잘 보호해 주고, 일어난 사고에 대해 배상받을 수 있는 보험이 지원된다면 노 키즈 존을 운영하지 않을 수도 있다고 해.

한편에서는 가게 사장님 입장을 생각하면 노 키즈 존 운영이 당연한 일이라고 하고, 한편에서는 우리 사회가 어린이를 좀 더 너그럽게 봐주어야 한다는 반대 의견도 팽팽한 편이야.

좋아요	따뜻해요	화나요	슬퍼요	놀라워요	오, 알겠어요

- 어린이들이 출입하지 못하게 하는 곳은? (ㄴㅋㅈ ㅈ)
- 노 키즈 존으로 운영하는 가장 큰 이유를 말해 봐.

노 키즈 존은 있어야 할까, 없어야 할까?

\#   \#

정답 노 키즈 존, 사고가 나면 책임져야 할 것이 너무 많기 때문.

잘생겨서 벌을 적게 받았다고?

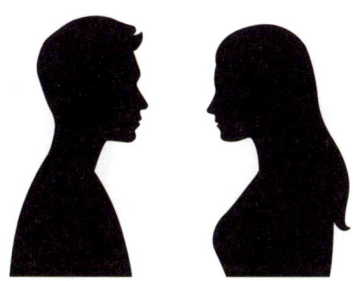

　매우 나쁜 범죄를 저지른 사람들이 어떤 형량을 받는지 조사한 결과, 얼굴이 잘생겼을 수록 형량을 적게 받았다는 연구 결과가 나왔어. 형량은 죄지은 사람이 받은 벌의 정도인데, 보통은 감옥에 있어야 하는 시간을 말해.

　체포되었을 때 촬영한 사진을 '머그샷'이라고 하는데, 머그샷과 형량을 비교해 보니, 이런 결과가 나타난 거야. 사람들에게 범죄자에 대한 정보를 주지 않고 그에 대한 신뢰도를 판단해 보게 했는데, 호감(좋게 여기는 감정)을 주지 못하는 외모의 범죄자에게 점수를 낮게 주었다고 해. 그리고 실제로 신뢰도가 낮게 나온 범죄자가 같은 죄를 저지른 호감형 외모의 범죄자보다 형량을 많이 받았어. 외모에 대한 편견이 그 사람의 형량을 결정하는 데 영향을 끼친다는 거지. 그렇다면 그동안 범죄자들은 외모에 따라 잘못된 형량을 받았을 수도 있어. 이건 생각해 볼 문제지.

　한편 연구자들은 외모에 대한 편견은 훈련으로 바꿀 수 있다고 말하고 있어. 험악하게 생긴 사람이 좋은 일을 했다는 등의 정보를 주었더니 편견이 줄어들어서, 외모와 형량의 관계가 줄어들었다고 해.

 좋아요　 따뜻해요　 화나요　 슬퍼요　 놀라워요　 오, 알겠어요

 **퀴즈**
· 죄를 지은 사람이 받는 벌의 정도는? (ㅎㄹ)
· 외모가 호감형인 경우 형량을 적게 받았다. (O, ×)

 **미니 논술**
범죄자의 외모에 상관없이 객관적으로 판결하기 위한 방법은 무엇일까?

\#　　　\#　　　\#

정답 형량, O

내가 검색한 것, 그들도 안다!

　우리가 온라인에서 검색하는 것들이 모두 기록되는 시대가 되었어. 어떤 사이트에 접속해서, 무엇을 검색하고 또 무엇을 클릭했는지 모두 기록으로 남아. 스마트폰을 들고 다니면 내 위치마저 기록이 되지. 내가 검색한 것들은 또 다른 사이트에서 나를 위한 맞춤 정보라며 뜨기도 해.

　그런데 단순히 이렇게 검색이나 클릭을 통한 정보들만 저장되는 것이 아니야. 그걸 통해서 '나'라는 사람을 유추한 정보가 기록되지. 예를 들면 어른들의 경우 무엇을 좋아하는지, 결혼했는지, 재산은 어느 정도인지 말이야. 완벽하진 않겠지만 대체적으로는 들어맞지.

　이런 정보들은 광고에 활용돼. 나에게 맞는 상품들이 내가 접속하는 모든 온라인 공간에 노출이 되거든. 요즘 흔히 '알고리즘'으로 인해 알게 되었다고들 하는데 바로 그거야. 유튜브의 경우 광고를 하는 사람은 올리려는 광고를 어떤 사람들에게 노출시켜 줄지 결정할 수 있으니 더욱 그렇지. 나의 모든 것이 기록되고 유추되어 다시 나에게 광고라는 형태로 전달되는 시대에 우리는 살고 있는 거야.

 좋아요　 따뜻해요　 화나요　 슬퍼요　 놀라워요　 오, 알겠어요

 **퀴즈**
- 현재 알고리즘은 내가 검색한 정보로 나에 대해 유추한다. (O, ×)
- 온라인에 기록되는 정보는 어떻게 활용되는지 말해 봐.

 **미니 논술**
- 나의 정보가 기록되어 나에게 계속 광고로 되돌아온다면 어떤 문제가 생길까?
- 온라인을 지혜롭게 활용할 수 있는 방법은?

\#　　\#　　\#

정답 O, 맞춤 광고라며 그 사람에게 광고를 띄워 준다.

| 난이도 ☆ | 사회 | 경제 | 교육 | 과학 | 환경 | 국제 | | 월 일 |

야생동물 카페가 사라지면?

　2023년 '동물원 및 수족관 관리에 관한 법률'이 개정되면서 동물 카페를 운영할 수 없게 되었어. 다만 기존에 이미 운영하고 있던 카페는 정리할 수 있도록 4년의 시간을 주었지. 이 기간에도 카페에 있는 동물을 만지거나 타는 것은 할 수 없어.

　법이 이렇게 바뀐 이유는 동물권, 즉 동물의 권리를 지키기 위해서야. 또한 야생동물 관리도 더 잘하기 위해서지. 야생동물을 일정 규모 이하의 동물원이나 수족관에서 키울 수 없게 하는 거야.

　현재 전국에 야생동물 카페가 240여 곳 있는데, 4년 안에 문을 닫아야 하니 이미 있는 동물을 어떻게 해야 하는지가 문제야. 이전에도 동물 카페가 문을 닫으면서 갈 곳 잃은 동물들의 관리가 안 된 경우가 있어서 고민해야 해.

　만약 카페 주인이 원한다면 문을 닫은 후에 충남에 있는 유기 동물 보호소에서 보호할 수 있어. 이곳에서 300~400마리 정도 보호할 수 있는데, 일정 기간 후에는 또 다른 보호소나 동물원으로 보내는 방법도 고려하고 있어.

좋아요　따뜻해요　화나요　슬퍼요　놀라워요　오, 알겠어요

 퀴즈
- 2023년 12월에 모든 동물 카페가 당장 문을 닫아야 했다. (○, ×)
- 야생동물 카페를 금지하면 생기는 문제가 무엇인지 말해 봐.

 미니 논술
야생 동물 카페, 어떻게 생각해? 현재 240곳이나 되는 야생동물 카페가 문을 닫을 경우 동물들을 보호하려면 어떻게 해야 할까?

\#　　　\#

정답 ×, 카페의 동물들이 보호받지 못하고 관리가 안 될 수 있다.

장기 기증 희망자가 늘었다

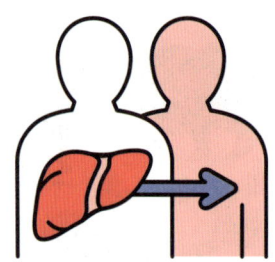

　2023년에 장기 기증을 하겠다고 희망한 사람이 2022년에 비해 16% 늘었어. 약 15만 명이 새로 약속한 거야. 생명 나눔에 대한 공익 광고(모두의 이익을 위한 광고)가 있었고 장기 기증을 알리기 위한 여러 가지 캠페인(사회적 가치 등을 알리기 위해 지속해서 하는 운동)을 한 것을 그 이유로 보고 있어.

　'장기 기증'은 말 그대로 사람 신체의 일부를 다른 사람에게 주는 것을 말해. 장기 기증은 혈액형부터 신체 특징 등 맞아야 하는 것이 많기 때문에 쉽지 않아. 또 부작용도 일어날 수 있고, 성공률도 보장할 수 없어. 비용도 많이 드는 편이야. 하지만 생명을 구하기 위한 최후의 수단으로 하는 것이지.

　뇌사 상태(뇌의 기능이 회복할 수 없을 정도가 된 상태)에서 장기 기증을 하면 심장, 신장, 간, 이자 등에 병이 있는 사람의 생명을 살릴 수 있어. 각막이나 피부, 뼈 등도 기증할 수 있지. 세상을 떠난 후에도 인체의 몇 조직은 기증할 수 있어.

　가끔 뉴스에 보면 세상을 떠나면서 여러 사람에게 장기를 기증한 사람의 이야기가 나오곤 해. 생명을 살리는 귀중한 일이기 때문에 많은 이들이 관심을 갖고 있어.

좋아요	따뜻해요	화나요	슬퍼요	놀라워요	오, 알겠어요

· 생명 나눔 캠페인 등의 영향으로 장기 기증자가 늘었다. (○, ×)
· 뇌사 상태에서 기증할 수 있는 장기는 무엇이 있는지 말해 봐.

장기 기증이 늘면 사회에 어떤 변화가 생길까?

정답 ○, 심장, 신장, 간, 이자 등

계속 오르는 배달비, 이제 안 시킨다

　배달 앱의 배달비가 많이 올랐어. 분식을 주문했는데 배달비가 분식비만큼 나오는 경우도 있어. 배달을 시키려다 배달비에 놀라 주문하지 않는 사람이 늘고 있지. 실제로 배달 앱의 이용자 수가 줄어들고 있다고 해. 배달이 늘어나는 연말에도 주문이 많지 않아 배달 업계도 고민이 많았어.

　음식 값이 1만 원이 넘고 배달비가 5천 원이면 한 끼 식사 2만 원도 쉽게 넘어가는 거야. 결국 집에 있는 음식으로 간단히 해결하거나, 편의점 도시락 등으로 식사를 해결하는 사람도 많아지고 있다고 해.

　배달 앱 이용이 줄어드는 데는 다른 이유도 있어. 배달비 때문이기도 하지만 물가가 계속 오르면서 외식을 자제하는 것도 하나의 이유야.

　현재 사람들이 많이 사용하는 배달 앱에는 여러 가지가 있어. 스마트폰이 널리 쓰이면서 전화로 주문하지 않고 클릭 몇 번으로 주문이 되는 이 서비스를 많은 사람들이 이용하고 있지. 다른 사람의 후기도 미리 볼 수 있고, 각종 할인 쿠폰으로 할인도 받을 수 있어서 잘 사용하면 편리해. 청각 장애인의 경우 전화 주문이 쉽지 않아서 그들에게도 매우 유용한 서비스지.

 좋아요　 따뜻해요　 화나요　 슬퍼요　 놀라워요　 오, 알겠어요

 퀴즈
- 배달비 상승으로 배달 앱 사용자가 줄고 있다. (O, ×)
- 배달 앱 이용 대신 사람들이 택하는 것은 뭔지 말해 봐.

 미니 논술
치솟는 배달비와 외식비에 대처할 수 있는 방안을 생각해 봐.

\#　　　\#　　　\#

정답 O, 집밥, 편의점 도시락

반달가슴곰의 제주살이

제주도 서귀포시 성산읍에 제주자연생태공원이 있어. 그곳에서 반달가슴곰을 보호하게 되었어. 다섯 살 반달가슴곰 4마리가 이제 제주에 머물게 되는 거지. 적응 훈련이 마무리된 반달가슴곰은 사람들에게도 공개되었어. 사육사들은 앞으로도 반달가슴곰이 아픈 곳 없이 잘 적응할 수 있도록 노력하겠다고 했어.

곰 사육 종식(한때 활발히 하던 무언가를 끝내는 것)을 선언한 이후 첫 사례야. 우리나라는 1981년부터 곰을 사육해 왔어. 몸에 좋다면서 곰의 쓸개즙 등을 먹기도 했지. 하지만 동물을 함부로 대하는 문제, 곰 사육장에서 종종 일어난 사건, 사고 등으로 계속 이야기가 오갔고, 이제 공식적으로 곰을 사육할 수 없게 되었어. 2021년에 곰 사육 종식을 선언했고, 이미 사육하던 곳도 2025년까지는 마무리지어야 해.

이상한 점은 곰을 사육하지 못하게 하면서 곰의 웅담(쓸개)을 채취하는 건 2025년까지는 합법이라는 거야. 이 문제도 해결해야겠지.

한편 개를 먹는 것을 금지하는 개 식용 금지법도 생겼어. 동물 보호를 위한 이런 정책들이 앞으로 더 늘어날지 지켜보아야 할 문제야.

좋아요	따뜻해요	화나요	슬퍼요	놀라워요	오, 알겠어요

- 곰 사육을 그만하도록 나라에서 결정했다. (O, ×)
- 곰 사육 종식은 되었지만 남아 있는 문제는 무엇인지 말해 봐.

사람 몸에 좋다는 이유로 동물 몸의 일부에서 무언가를 채취해서 먹는 것, 어떻게 생각해?

정답 O, 곰의 웅담을 채취하는 것은 2025년까지는 합법이다.

난이도 ★★ 사회 경제 교육 과학 환경 국제

아침 거르면 성인병 올 수도!

아침을 먹지 않는 청소년이 점점 늘어나고 있어. 그런데 아침 식사를 하지 않는 청소년은 짜고, 기름진 음식을 주로 먹는다는 것이 확인되었어. 그래서 비만이나 콜레스테롤 등의 수치가 올라 나중에 암, 뇌혈관 질환 등의 성인병에 걸릴 확률도 높아지지.

초·중·고생 모두 아침을 먹지 않는 비율이 점점 늘고 있는데 고등학생은 더 심해. 거의 반 정도가 아침을 먹지 않고 학교에 간다고 해. 소득이 낮을수록 아침을 덜 먹는다고도 해.

아침을 자주 거르면 하루 동안 먹는 총 칼로리는 적지만 먹는 음식의 질에 문제가 생겨. 식습관이 바르게 잡히지 않는 거지. 게다가 공부에 집중하지 못해 성과도 떨어진다고 해.

아침 식사를 하면 두뇌 활동을 활발히 할 수 있고, 장 운동도 활발해져서 소화 기능도 좋아져. 탄수화물과 단백질, 비타민 등을 골고루 섭취하게 되고, 체중 조절 효과도 있다고 해. 단, 아침으로는 너무 과하지 않은 가벼운 식단을 주로 추천하곤 하지.

 좋아요   따뜻해요   화나요   슬퍼요   놀라워요   오, 알겠어요

 퀴즈
- 아침을 먹지 않는 청소년일수록 짜고 기름진 음식을 주로 먹는다. (O, ×)
- 아침을 거를 경우 생기는 문제를 한 가지만 말해 봐.

 미니 논술
- 기사 내용을 토대로 아침 식사에 대한 의견을 말해 봐.
- 아침 식사에 대해 다른 의견이 있는 기사를 더 찾아보아도 좋아.

\#   \#

정답 O, 짜고 기름진 음식을 먹는다. 식습관이 바르게 잡히지 않는다 등

난이도 ☆☆ | 사회 | 경제 | 교육 | 과학 | 환경 | 국제   월 일

식사 시간이 건강에 주는 영향

우리가 무엇을 어느 정도 먹는지는 건강과 관련이 깊어. 그런데 언제 먹는지도 중요해. 아침 식사와 저녁 식사 시간이 건강에 주는 영향이 크다는 거야. 최근 연구에 따르면 지난 30년간 심장 관련 질환인 심혈관 질환자 수가 많이 늘었다고 해. 원인은 대부분 잘못된 식사 습관 때문이야.

저녁 식사 시간이 1시간씩 늦어질 때마다 뇌와 관련된 질환이 8% 늘어난다고 해. 저녁 9시 이후에 저녁 식사를 하면 위험도는 훨씬 더 높아지지. 밤에 공복(배가 비워져 있는 시간)이 길수록 질환에 걸릴 위험도는 낮아져. 또 아침 식사 시간이 8시에서 1시간씩 늦어질 때마다 심장 질환 위험도는 6%씩 높아진다고 해.

바꾸어 이야기하면 아침 식사도 저녁 식사도 일찍 할수록 좋다는 거야. 칼로리를 줄이는 것보다 늦게 먹지 않는 것이 체중을 줄이는데 더 효과가 있기도 하고. 식사 횟수는 크게 상관이 없었고 여자에게 더 뚜렷한 결과가 나타났어. 다만 식사 시간과 질병이 관련이 있다는 것일 뿐 정확한 원인과 결과는 밝혀지지 않아 더 연구해 보아야 해.

 좋아요   따뜻해요   화나요   슬퍼요   놀라워요   오, 알겠어요

 **퀴즈**
- 식사 횟수보다 언제 먹는지가 중요하다. (○, ×)
- 아침과 저녁 식사 시간은 몇 시 이전이 적당하다고 했는지 말해 봐.

 **미니 논술**
앞장의 기사와 이 기사를 보고 우리 가족과 식사 시간에 대해 의논해 봐.

\#   \#   \#

정답 ○, 아침은 8시, 저녁은 9시

사교육비 늘면 출산율 떨어져

　사교육비가 늘어나면 출산율이 떨어진다고 해. 한국경제인협회에서 조사한 내용이야. 2023년은 사교육비 지출이 그전에 비해 가장 많았어. 무려 26조 원이야. 그에 비해 출산율은 0.7% 정도로 최저를 기록했지.

　특히 서울의 경우 아이 한 명당 월 사교육비가 70만 원을 넘어갔다고 해. 합계 출산율은 0.59명으로 전국에서 가장 낮았고, 한달에 사교육비 1만 원이 늘어나면 합계 출산율은 0.012명이 줄어든다는 결론이야. 서울 외에도 사교육비가 높은 지역일수록 출산율이 낮았어.

　우리나라는 저출산 문제가 심각해서 나라에서 계속 여러 방법을 마련하고 있는 중이야. 사교육비가 늘수록 아이를 안 낳는다면, 사교육비가 줄어들 수 있게 하는 방법이 중요해. 공교육의 역할도 생각해 보아야 하지. 사교육을 하는 이유가 학교에서 부족한 수업을 보충하거나, 실력을 한층 더 성장시키기 위한 것이기 때문에 공교육의 질을 높이면 자연스럽게 사교육이 줄어들거라는 의견도 있어.

좋아요　따뜻해요　화나요　슬퍼요　놀라워요　오, 알겠어요

- 서울의 경우 아이 한 명당 월 사교육비는?
- 한달 사교육비 1만 원이 늘어나면 합계 출산율은은 0.012명이 줄어든다. (○, ×)

사교육비를 줄일 수 있는 방법은 뭘까?

\#　　\#　　\#

정답　70만 원 이상, ○

외국인보다 새터민이 낯설다?

　사회의 대다수와 다른 특징을 가져, 힘없는 약자 위치에 있는 사람들을 '소수자'라고 해. 소수자이다 보니 인권 침해를 당하는 경우가 적지 않아.

　설문에 따르면 우리나라 사람들이 소수자 중에서도 가장 좋아하지 않는 집단 중 하나는 전과자였어. 전과자는 범죄를 저질러 벌을 받았고 그 기록이 남아 있는 사람을 뜻해. 그다음으로는 처음 보는 낯선 사람을 멀게 느꼈고, 그다음은 새터민(북한에서 한국으로 온 사람), 그다음은 외국인이었어.

　여기서 관심 있게 볼 것은 외국인보다 새터민을 더 낯설게 느끼고 함께하길 꺼린다는 거야. 직장 동료여도 가까이하기 어렵다는 답도 많았어. 새터민은 우리나라가 북한과 나뉜 이후로 꾸준히 늘고 있어. 예전에는 '탈북자'라고 불렀지만 말의 느낌이 좋지 않다며 '새터민'이라 부르기도 하고 '북한 이탈 주민'이라고 부르기도 해.

　우리나라 사람들이 소수자에 대해 조금씩 마음을 열고는 있지만 좀 더 인식이 좋아져야 서로 도와 잘사는 사회가 될 거야.

 좋아요　 따뜻해요　 화나요　 슬퍼요　 놀라워요　 오, 알겠어요

 퀴즈
- 사회 대다수와 다른 특징이 있어 힘없는 약자 위치에 있는 사람들은? (ㅅㅅㅈ)
- 새터민이어도 직장 동료라면 가깝게 느낀다. (○, ×)

 미니 논술
새터민을 외국인보다 낯설게 느끼지 않아야 한다면 그 이유는 뭘까?

\#　　\#　　\#

정답 소수자, ×

층간 소음 보복, 안 돼!

　층간 소음에 스트레스를 받던 사람이 그 집을 찾아가서 문을 발로 차고 크게 두드렸다가 벌금형을 받았어. 자신이 해를 받은 대로 돌려주려는 보복을 한 거야. 위층 사람을 엘리베이터에서 마주쳤는데 거기서도 문을 주먹으로 쳤다고 해. 여러 차례 이렇게 하다 결국 10만 원 벌금을 내게 되었어.

　이유 없이 다른 사람을 불안하게 하는 행위는 경범죄(보통 1년 이하 징역이나 벌금형의 범죄) 처벌법에 따라 처벌받게 되어 있어. 시비 거는 것, 겁주는 말, 주먹으로 무언가를 치면서 위협하는 행동 같은 거지.

　이 사람은 자신이 먼저 층간 소음 피해를 보았기 때문에 보복한 것이라고 말했지만, 층간 소음을 발생시킨 집이 어느 집인지 정확히 알 수 없고, 어느 정도 심했는지 증거가 없다는 이유로 받아들여지지 않았어.

　우리나라는 아파트 같은 공동주택이 많다 보니 층간 소음으로 주민끼리 다투는 등 문제가 많아. 요즘은 벽을 통해 전달되는 벽간 소음 문제도 있어서, 서로가 조심해야 해.

좋아요	따뜻해요	화나요	슬퍼요	놀라워요	오, 알겠어요

· 벽을 통해 전달되는 소음을 뭐라고 하지? (ㅂㄱㅅㅇ)
· 층간 소음을 보복했다 처벌받은 이유는 무엇인지 말해 봐.

층간 소음 문제를 지혜롭게 해결할 수 있는 방법은 무엇일까?

#　　　　#　　　　　　정답　벽간 소음, 소음을 발생시킨 집이 정확하지 않고 증거가 없기 때문.

안심 소득 사업, 시범 시행

　일해서 버는 돈을 '소득'이라고 해. 서울시에서는 소득이 정해진 금액 이하이면 매달 일정 비율로 현금을 지원해 주는 '안심 소득 사업'을 시범적으로 시행하고 있어. 2022년 7월부터 시작되었는데 2027년 6월까지 할 예정이야.

　안심 소득은 소득이 낮을수록 더 많이 지원해 주는 제도야. 만약 소득이 없다면 1인 가구는 최대 월 82만 원, 4인 가구는 217만 원 정도를 받을 수 있어.

　이 제도는 기존 복지 제도의 단점을 보완하기 위해 시행되었어. 지원을 받은 가구는 정신적으로도 여유로워지고 삶이 나아져, 이를 발판 삼아 일을 잘하게 되었다는 중간 결과도 발표되었지.

　기존의 복지 제도인 국민 기초 생활 보장 제도는 소득이 일정 금액 이상이면 자격을 잃게 되는데, 안심 소득은 기준을 넘어도 유지가 돼. 직장을 잃어 소득이 줄면 자동으로 지급이 되고, 앞으로 어떤 효과가 있을지, 단점은 없을지 더 지켜보아야 해.

　그런데, 서울시에서는 이 제도가 어느 정도 효과를 보았다면서 전국적으로 확산하기 위해 검토에 들어갔어. 더 보완해서 최종적으로 결정짓게 될 거야.

| 좋아요 | 따뜻해요 | 화나요 | 슬퍼요 | 놀라워요 | 오, 알겠어요 |

퀴즈
- 소득이 일정 금액 이하이면 매달 정해진 비율로 현금을 지원해 주는 사업은? (ㅇㅅ ㅅㄷ ㅅㅇ)
- 소득이 낮은 경우 지원해 주는 이유를 말해 봐.

미니 논술
기존처럼 정해진 소득이 넘어서면 지원을 끊는 것과, 소득에 따라 비율을 달리해서 지원해 주는 것 중 어느 것이 더 나을까?

정답 안심 소득 사업, 정신적으로 여유로워져서 삶이 나아진다.

소셜 믹스! 그러나 차별은 계속된다

한 아파트 단지 내에 분양 아파트와 임대 아파트를 같이 짓는 것을 '소셜 믹스'라고 해. 경제적으로 차이가 나는 주민들이 서로 잘 어울려서 살아가길 바라는 마음으로 2003년부터 시작되었어. 아파트 단지 안에 동을 나누어서 일정 동은 임대 동(비교적 저렴한 비용으로 빌려주는 집), 일정 동은 분양 동(직접 구입하는 아파트)으로 하는 거야.

그런데 본 목적과는 다르게, 오히려 그 안에서 많은 차별이 일어나고 있어. 서로 마주하기 싫다면서 아파트 출입구를 따로 만들어 달라거나, 분리 배출 일을 다르게 해 달라고 하기도 해. 구별이 되도록 건물 색을 따로 칠해 달라는 요청도 있고, 아파트 안에 있는 편의 시설을 따로 사용하게 해 달라는 일도 있었대. 심지어 분양 동과 임대 동 사이에 높은 담벼락을 세운 경우도 있어. 아파트 안에 도서관을 만드는 문제를 두고 분양 동 주민과 임대 동 주민들 의견이 달라 잘 이루어지지 않는 일도 있었어.

소셜 믹스에 사는 사람들을 대상으로 물어본 결과 차별을 경험했다는 대답이 80%가 넘었어. 이런 이유로 아파트 단지 안에서 서로가 좀 더 조화롭게 잘 사는 방법에 대해 계속 이야기해야 할 거야.

 좋아요　 따뜻해요　 화나요　 슬퍼요　 놀라워요　 오, 알겠어요

- 한 아파트 단지 내에 분양 아파트와 임대 아파트를 같이 짓는 것은? (ㅅㅅ ㅁㅅ)
- 소셜 믹스로 인해 생겨나는 문제를 말해 봐.

분양 아파트와 임대 아파트를 같이 짓는 것, 따로 짓는 것 중 어느 것이 더 나을까?

\#　　\#　　\#

정답 소셜 믹스, 출입구를 따로 만드는 등 차별이 심하다.

검색을 많이 할수록 가짜 정보도 많다

　검색을 적극적으로 하는 사람일수록 잘못된 정보에 빠질 수 있다는 연구 결과가 나왔어. 인터넷에서 정보를 검색할 때, 검색하는 사람의 관심사가 알고리즘에 반영되다 보니 진짜 정보보다는 잘못된 정보가 보여지는 경우가 많은 거야. 검색할수록 잘못된 정보로 갈 가능성이 높은 거지. 이를 '데이터 보이드'라고 해.

　온라인에 너무 많은 정보가 있고, 옳고 그름을 가리는 것이 점점 어려워지고 있어. 게다가 지금은 인공지능(AI) 기술로 가짜 뉴스를 만드는 곳도 많아. 이런 상황에서는 비판적으로 읽고 가려낼 수 있는 '디지털 리터러시' 교육을 해야 한다는 목소리도 높아지고 있어.

　한편 옥스퍼드 사전에는 '탈진실'이라는 단어도 올라가 있어. 진실에서 벗어난다는 뜻인데 진실이 없는 시대가 된 것에는 가짜 뉴스의 역할도 있었어.

　가짜 뉴스의 역사는 사실 무척 오래되었어. 백제 무왕이 지은 '서동요'는 선화 공주와 결혼하기 위해 거짓말로 만들어 퍼뜨린 거야. 일제 시대였던 1923년 관동에서 지진이 일어났을 때 조선인이 우물에 독을 탔다는 것 또한 가짜 정보였어. 지금 시대와는 물론 다른 종류이지만 가짜 뉴스는 그만큼 끊이지 않고 있어 왔다는 사실을 알 수 있지.

좋아요	따뜻해요	화나요	슬퍼요	놀라워요	오, 알겠어요

- 검색할수록 잘못된 정보로 갈 가능성이 높은 것을 뭐라고 해? (ㄷㅇㅌ ㅂㅇㄷ)
- 찾을수록 가짜 정보에 빠지는 까닭을 말해 봐.

가짜 뉴스, 가짜 정보를 피하려면 어떻게 해야 할까?

\#　　　　\#　　　　\#　　　　정답 데이터 보이드, 알고리즘으로 검색되기 때문이다.

인공지능이 만든 것은 누가 주인일까?

인공지능(AI)이 제품을 개발하거나 아이디어를 내면 특허를 낼 수 있을까? 최근 영국 대법원에서는 그럴 수 없다고 판단했어. 발명가는 사람이어야 한다는 거야. 발명과 개발에 인공지능(AI)의 역할이 컸다 해도 인공지능(AI) 이름으로 특허를 낼 수는 없는 거지. 다만 인간이 특허 발명품을 만드는 과정에서 AI 도구를 사용할 수는 있어. 그런 경우에는 반드시 공개해야 해.

2020년에 미국의 한 연구원이 특허를 내려고 했는데 미국 특허청에서 거부한 사건도 있었어. 자신의 발명품에 발명자 이름을 AI 시스템으로 하려다가 안 된 거야. 사람만이 특허를 신청할 수 있다고 판결한 거지. 이 일을 '다부스 사건'이라고 해.

다른 나라도 마찬가지로 지금은 저작권자, 특허권자는 사람만이 될 수 있어. 그러나 지금은 인공지능(AI)이 제품을 개발하기도 하고, 책을 쓰고, 심지어 예술 작품까지 만들어 내. 새로운 약도 개발하지. 이런 상황이다 보니 인공지능에게도 특허권자, 저작권자 자격을 주어야 한다는 목소리가 높아지고 있어. 또 어떤 사람들은 저작권과 특허권의 뜻 자체를 다시 생각해 보아야 한다고도 하지.

 좋아요   따뜻해요   화나요   슬퍼요   놀라워요   오, 알겠어요

 **퀴즈**
- 인공지능이 개발한 것도 특허를 낼 수 있다. (○, ×)
- 인공지능이 현재 하고 있는 일들을 말해 봐.

 **미니 논술**
인공지능 이름으로 특허권, 저작권을 주어야 할까, 인간이 개발한 것에만 주어야 할까?

\#   \#   \#

정답 ×, 약 개발, 예술 작품 창조 등

눈물로 호소해요

여성의 눈물 냄새가 남성의 공격성을 줄어들게 한다는 이스라엘 어느 연구팀의 연구 결과가 나왔어. 무려 40% 이상 줄어들었다고 해. 슬픈 영화를 본 여성의 눈물과 식염수 냄새를 각각 맡게 한 후 게임을 하게 했는데, 식염수보다 눈물 냄새를 맡았을 때 공격적 행동이 줄었다고 해.

뇌도 촬영했는데, 눈물 냄새를 맡은 사람은 공격성과 관련된 뇌의 활동이 적었어. 이는 눈물 속에 들어 있는 어떤 물질의 영향일 것이라고 추측하고 있어. 아주 어린 아이들은 자신을 방어할 힘이 부족한데, 눈물이 자신을 지켜 주는 수단이 될 수 있다는 판단도 하고 있어.

다만 실험을 통해 나온 결과이기 때문에 실제 상황에서는 어떨지 모른다고 해. 눈물의 어떤 잠재 기능 중 하나가 가져온 결과일 수 있으므로 추가적으로 연구해 보아야 하지. 이미 설치류 실험에서 암컷의 눈물 냄새가 수컷의 공격성을 막는다는 것이 확인된 적이 있는데, 사람도 그렇다는 것을 밝혀낸 것에 큰 의의를 두고 있어.

 좋아요   따뜻해요   화나요   슬퍼요   놀라워요   오, 알겠어요

퀴즈
· 남성의 공격성을 줄어들게 하는 것은 여성과 아이의 눈물이다. (O, ×)
· 공격성을 줄어들게 하는 원인으로 추측하는 것이 무엇인지 말해 봐.

미니 논술
· 눈물은 다른 사람에게 어떤 마음을 갖게 할까?
· 눈물의 여러 효과를 생각해 보자.

\#   \#   \#

정답 X, 눈물 속에 들어있는 어떤 물질

길고양이에게 밥 주지 마세요

어느 지역에 길고양이에게 밥을 주지 말라는 내용이 담긴 현수막이 걸렸어. 이에 대해 동물 단체와 일부 주민들이 항의를 했고 현수막은 곧 내려졌지. 다른 지역에서도 비슷한 일이 있었고.

사실 이건 오래된 문제야. 고양이를 뜻하는 '캣(cat)'과 엄마를 뜻하는 '맘(mom)'을 합쳐 '캣맘'이라고 하는데, 길고양이에게 먹이를 주는 사람, 돌보아 주는 사람을 뜻하는 말이야. 남자인 경우 '캣대디'라고도 부르지. 우리나라에서는 캣맘과 캣대디가 고양이를 위하는 대신 주변에 피해를 준다면서 다소 부정적으로 쓰이는 표현이기도 해.

길고양이에게 먹이를 주면 안 된다고 주장하는 이들은 길고양이 때문에 시끄러운 점, 길고양이의 배설물 문제, 차량을 파손시키는 것, 길고양이가 음식물 쓰레기 봉투를 뒤지는 점 등을 이유로 들고 있어. 자꾸 돌봐 주면 고양이가 너무 늘어나는 것도 문제라는 거지.

반대로 돌보아야 한다는 사람들은 길고양이 중성화 수술을 해서 개체수를 줄일 수 있다고 말해. 오히려 먹이를 주지 않으면 배고파서 쓰레기 봉투를 뒤지는 거라고도 하지.

좋아요 따뜻해요 화나요 슬퍼요 놀라워요 오, 알겠어요

- 길고양이에게 먹이를 주는 등 돌보아 주는 사람은? (ㅋㅁ)
- 길고양이에게 밥을 주는 문제로 늘 의견 나눔이 있다. (O, X)

길고양이에게 밥 주는 것을 어떻게 생각해?

\#　　　\#　　　\#

정답 캣맘, O

겨울철, 자동차로 들어가는 고양이

길고양이들은 겨울철, 어디서 지낼까? 밖이 너무 춥다 보니 고양이들이 자동차 보닛 속 엔진 룸으로 들어가는 경우가 많아. 고양이는 평균 체온이 약 38~39도라서 사람보다 추위를 더 잘 타. 겨울철 추위가 계속되면 따뜻한 곳을 찾다가 자동차의 엔진 룸으로 들어가는 거지.

문제는 그래서 사고도 많다는 거야. 차 주인이 시동을 걸고 운전을 시작하면 기계가 작동하기 때문에, 고양이가 미처 빠져나오지 못하고 그 안에서 다치거나 죽을 수 있어. 실제 그런 사고가 많이 일어나.

그래서 운전하기 전에 보닛을 두드려서 고양이가 나오도록 하는 것이 좋아. 경적을 울리는 것도 좋은 방법이야. 고양이가 안에서 나오지 못하면 소방서에 연락해 구조 요청을 할 수도 있어.

한편 동물 단체에서는 고양이의 겨울나기를 위해 스티로폼으로 집을 지어 두기도 하는데, 민원으로 인해 집이 사라지는 경우도 있다고 해.

 좋아요   따뜻해요   화나요   슬퍼요   놀라워요   오, 알겠어요

 **퀴즈**
· 길고양이들은 추운 겨울철 자동차 엔진 룸으로 들어가기도 한다. (O, ×)
· 길고양이가 엔진 룸에 들어가면 어떤 문제가 생기는지 말해 봐.

 **미니 논술**
추운 겨울, 길고양이를 위한 집을 지어 주는 것, 괜찮을까?

\#   \#   \#

정답 O, 안에서 다치거나 죽을 수 있다.

이 영상은 아동 학대일까, 아닐까?

　자신의 아이와 함께 채널을 운영하는 유튜버들이 꽤 있어. 아이와 노는 모습, 일상생활 등을 보여 주면서 구독자들에게 즐거움을 주는 채널들이지. 그런데 이 모습이 종종 아동 학대와 연결되어 화제가 되곤 해.

　최근 어느 유튜버는 부부 싸움을 하는 척하고 아이 반응을 살피는 영상을 올렸다가 아동 학대라며 논란이 되기도 했어. 아이가 겁먹고 우는 모습을 그대로 내보냈다는 게 문제인데, 이 부부는 실제로는 아이가 장난치기 바빴다며 아동 학대가 아니라고 했어. 그런가 하면 유튜브로 엄청난 돈을 벌어들여 화제가 되었던 모 유튜버는 자신의 아이를 실제 도로에서 장난감 차를 타게 했다가 역시 논란이 되었지.

　또 어느 유튜버는 상당한 구독자가 있음에도 갑자기 채널을 닫겠다는 마지막 영상을 올려 화제가 되었어. 아이가 커 가면서 자꾸만 카메라를 의식하는 모습을 보이고, 자신들도 영상을 찍기 위해 늘 긴장하고 새로운 상황을 만들어야 하다 보니 지쳤다는 것이 이유였어.

좋아요　따뜻해요　화나요　슬퍼요　놀라워요　오, 알겠어요

- 아이를 내세운 유튜버들이 종종 논란의 중심에 서는 이유는?
- 가끔 아동 학대 논란에 휩싸이는 유튜버들이 있다. (O, ×)

어린아이를 유튜브에 등장시키는 것에 대해 어떻게 생각해?

\#　　　\#

정답 아이를 두고 설정 장면을 내보내거나 위험한 일을 해서, O

유아차보다 개모차가 더 많이 팔려

　반려견을 태우는 유모차를 '개모차'라고 해. '개'와 '유모차'를 합친 신조어야. 2023년 온라인 시장에서는 아기가 타는 유아차보다 개모차가 더 많이 팔렸어. 아이는 점점 낳지 않는데 반려동물을 키우는 가구는 늘어나는 거지. 오래전부터 유아 용품보다 강아지 용품이 더 많이 팔렸기 때문에 예상할 수 있었던 일이기도 해.

　반려동물을 키우는 가구도 늘어나고 있는데, 4가구 중 1가구 정도가 반려동물을 키우고 있다고 해. 사람으로 따진다면 1000만 명이 넘는 거고. 1인 가구, 2인 가구가 늘어나면서 이런 현상도 심화되고 있어.

　유아차의 경우 사용 기간이 길지 않으니, 구입하기보다 빌리거나 중고 시장에서 사는 경우도 많아. 반면 개모차는 활용도가 좋아 구입하는 사람이 많다고 해. 반려견이 나이가 들면 태우기도 하고, 여러 마리를 키우는 사람에게도 유용해.

　나이가 젊은 사람일수록 반려동물 양육 비용도 많이 쓴다는 조사 결과도 있어. 반려인이 늘어나면서 관련 제품은 더 다양해지고 있고 앞으로도 반려동물 사업은 계속 성장할 거라고 예상하고 있어.

 좋아요　 따뜻해요　 화나요　 슬퍼요　 놀라워요　 오, 알겠어요

 퀴즈
- 반려견이 타는 유모차를 뭐라고 해? (ㄱㅁㅊ)
- 젊은 사람일수록 반려동물 양육비를 많이 쓴다. (O, ×)

 미니 논술
출산율은 계속 떨어지는데 반려 가구가 늘어나는 까닭은 뭘까?

\#　　　\#　　　\#

정답　개모차, O

2

경제

- 돈 없으면 레몬 내세요
- 로봇이 음식을 배달한다고?
- 의사라는 직업, 사라질 수도 있어
- 편의점 앱으로 배달시켜 볼까?
- 대형 마트 착한 치킨, 자영업자는 운다
- 일하는 여성은 늘었지만…
- 우리 동네는 새벽 배송 될까?

부자가 더 기부하는 건 아니네

 부자라고 해서, 기부를 더 많이 하는 건 아니라는 통계 결과가 나왔어. 매년 기부액을 조사해서 통계를 내고 있는데, 한 사람당 기부하는 금액이 전에 비해 줄었어. 기부 전체 금액이 줄어든 것은 아닌데, 부유한 사람들이 한 명당 기부하는 금액이 줄어든 거야. 한 달에 600만 원 이상 버는 사람들의 경우 더 많이 줄었다고 해.

 비교적 돈을 많이 버는 사람들의 기부가 줄어든 이유는 '노블레스 오블리주'의 정신이 실천되지 않아서라는 분석을 하고 있어. 노블레스 오블리주는 '귀족의 의무'라는 말인데 사회적으로 부유한 위치에 있는 사람들, 높은 위치에 있는 사람들이 먼저 사회를 위한 일을 하며 모범을 보여야 한다는 의미야.

 반면 부자들에 비해 중산층(소득이 어느 정도 안정된 층)이나 저소득층(소득이 낮은 층)의 기부가 증가한 것을 보면, 자선(남을 돕는 것) 활동에 대한 생각이 무언가 달라지는 것은 아닌가 추측하고 있어.

 한편 노블레스 오블리주의 정신을 이야기할 때면 경주 최부자집 이야기가 나와. 이 집안은 이웃과 나라를 위해 곡식과 재산을 내어놓는 등 대대로 앞장서 기부했거든.

좋아요 따뜻해요 화나요 슬퍼요 놀라워요 오, 알겠어요

 **퀴즈**
- 부유한 위치에 있는 사람들이 모범을 보여야 함을 뜻하는 말은? (ㄴㅂㄹㅅ ㅇㅂㄹㅈ)
- 부자일수록 기부를 많이 한다. (O, X)

 **미니 논술** 부자라면 기부를 더 해야 할까? 어떻게 생각해?

\#   \#   \#

정답 노블레스 오블리주, X

비빔밥 가격이 1만 원

 사람들이 자주 먹는 음식들 가격이 올랐어. 짜장면이나 비빔밥, 칼국수, 김치찌개, 삼겹살, 냉면 같이 일반 국민이 많이 먹는 음식들 말이야. 2023년 서울의 음식 가격을 조사했는데 9년 만에 30%가 넘게 올랐다지 뭐야.

 가격이 가장 많이 오른 것은 짜장면이야. 2014년에는 보통 4500원 언저리였는데 지금은 7000원 정도가 되었어. 비빔밥도 마찬가지야. 2014년 8000원 언저리에서 지금은 1만 원 정도야. 냉면 역시 2014년 8000원에서 9년 후인 2023년에는 1만 원 정도야.

 삼겹살도 평범한 서민이 자주 사 먹는 음식이라고 생각했는데 지금은 1인분에 거의 2만 원이 되다 보니 부담을 느끼는 사람도 생기고 있어.

 이렇게 가격이 오르는 이유는 우크라이나 전쟁 때문에 곡식의 가격이 안정적이지 못해서야. 게다가 전기세나 직원에게 주는 월급도 오르다 보니 음식 가격도 오를 수밖에 없지. 앞으로도 가격은 조금씩 오를 거라고 해.

 서민들이 자주 먹는 음식의 가격이 오를수록 서민들은 허리띠를 졸라맬 수밖에 없어. 엥겔 지수(전체 가구의 소득 중에서 식료품비가 차지하는 비율)도 올라갈 수 있지.

 좋아요   따뜻해요   화나요   슬퍼요   놀라워요   오, 알겠어요

- 음식 가격이 오르는 이유를 한 가지만 말해 봐.
- 앞으로도 음식 가격은 계속 오를 것이다. (○, ×)

우리 가족의 식비를 아낄 수 있는 방법은 뭘까?

#   #

정답 우크라이나 전쟁으로 곡식 가격이 안정적이지 못해서, ○

아픈 부모 돌보다가 파산하지 말자

부모가 아프면 돌보아야 하는데, 아무래도 병원비나 생활비 등이 많이 들 수밖에 없어. 그러다 보니 경제적으로 어려워질 수 있는데, 감당할 수 없을 만큼 어려움이 커지는 것을 '간병 파산'이라고 해. 아픈 사람을 곁에서 돌보는 것을 '간병', 재산을 모두 잃는 것을 '파산'이라고 하니 '간병 파산'인 거지.

이 문제를 해결하기 위해 나라에서 여러 방안을 마련하고 있어. 입원부터 퇴원해서 집에 오기까지 단계별로 간병 서비스 지원을 해 준다고 해. 많이 아픈 환자는 전용 병실에서 돌본다고 하는데, 2024년부터 시범적으로 시행해.

집에서 부모를 돌보아야 하는 경우에도 간호를 잘 받을 수 있도록 실력 있는 간병인을 보내 주는 등 여러 방면으로 노력하고 있어. 그래야 부모가 오래 아파도 자녀들이 많이 지치지 않고 잘 보살필 수 있겠지.

한국은 초고령 사회를 앞두고 있기 때문에 앞으로도 이 문제는 계속될 거야. 지금은 노인이 노인을 돌보는 노노(老老)간병 또한 흔한 일이라서 계속 대책을 고민해 보아야 해.

| 좋아요 | 따뜻해요 | 화나요 | 슬퍼요 | 놀라워요 | 오, 알겠어요 |

 퀴즈
- 아픈 부모를 간병하다 감당할 수 없을 만큼 어려워지는 것은? (ㄱㅂ ㅍㅅ)
- 간병 파산을 막기 위해 나라에서 하는 일을 한 가지만 말해 봐.

 미니 논술
- 아픈 부모를 모시는 일은 누구의 역할일까?
- 나라가 지원해 주어야 한다면 어느 정도 해 주어야 할까?

#   #   #

정답 간병 파산, 간병 서비스 지원, 간병인 보내 주기 등

우리나라에 팁 문화가 생길 수도?

'카카오 T'라는 택시 호출 앱을 많은 사람이 이용하고 있지. 그런데 이 앱에서 택시 기사에게 '팁(tip, 봉사료)'이라는 것을 줄 수 있도록 했어. 택시를 이용한 이후, 기사에게 별점을 최고인 5점을 주면 팁을 줄 수 있는 창이 뜨고 손님이 1000원, 1500원, 2000원 중 선택할 수 있게 되어 있어.

손님이 원하지 않으면 주지 않아도 되고 팁은 택시 회사에서 가져가지 않는다고 해. 그런데 사람들은 이에 대해서 별로 좋게 생각하지 않는 편이야. 이렇게 팁이 시작되면 나중에는 꼭 주어야 하는 것이 아닌지 걱정하는 사람도 있어. 택시 회사에서 기사에게 주어야 하는 돈을 손님에게 떠넘기는 것이 아니냐는 의견도 나오고 있어.

한편 미국의 경우에는 팁을 주는 것이 문화로 자리잡혔어. 서비스가 마음에 들지 않아도 반드시 주는 분위기인 거지. 미국인들 중에는 이런 팁 문화를 피곤하게 생각하는 사람도 많아. 미국 식당의 직원들 또한 손님이 주는 팁이 있다는 것을 미리 생각해서 월급을 받기 때문에 팁을 중요하게 생각해.

많은 사람들이 좋지 않게 생각하는 팁 문화, 앞으로 어떻게 될까?

좋아요 　　따뜻해요 　　화나요 　　슬퍼요 　　놀라워요 　　오, 알겠어요

- 일을 해 준 사람에게 고맙다는 의미로 더 주는 돈을 뭐라고 할까? (ㅌ)
- 카카오 택시 팁은 기사님께 모두 전달된다. (O, ×)

식당, 가게, 택시 등에서 팁을 주는 것이 문화로 자리잡히는 것, 어떻게 생각해?

\#　　　\#　　　\#

정답 팁, O

돈 없으면 레몬 내세요

　남아메리카 페루의 한 전자 제품 상점에서 돈 대신에 레몬을 받는다고 문 앞에 써 붙여 두었대. 돈 대신 받은 레몬은 직원들에게 월급으로 주기도 하고, 다시 팔아 돈으로 바꾸기도 한다고 해. '레몬 화폐'가 생긴 거지. 다른 가게에서도 돈 대신 레몬을 받는 경우가 생겼어.

　이렇게 된 이유는 레몬 가격이 무척 올랐기 때문이야. 가격이 갑자기 오르는 것을 '폭등'이라고 해. 어떤 곳은 5배가 올랐어.

　남아메리카의 페루는 엘니뇨(페루와 칠레에서 바닷물의 온도가 오르는 현상) 때문에 비가 엄청 많이 왔어. 갑자기 폭우가 쏟아져 내린 거지. 그래서 레몬 농사를 망친 사람이 많아, 레몬 가격이 오를 수밖에 없어 이런 일이 발생한 거야.

　레몬을 가게 주인이 다시 팔거나 직원의 월급으로 줄 수 있으니, 레몬 처리에는 문제가 없고 게다가 레몬은 페루에서는 필수 식품이라고 해. 이 이야기가 알려지자 누리꾼들은 돈이 열리는 나무가 레몬나무라며 재밌다는 반응을 보였어. 또 어떤 사람들은 엘니뇨 한 번에 다시 원시 시대로 돌아가는 것 같다면서 다소 어이없다는 반응을 보이기도 했어. 돈지갑 대신 레몬 자루를 가지고 다녀야 하냐며 웃기도 했지.

| 좋아요 | 따뜻해요 | 화나요 | 슬퍼요 | 놀라워요 | 오, 알겠어요 |

 **퀴즈**
- 주변의 바닷물 온도가 다른 해보다 높아지는 현상을 뭐라고 해? (ㅇㄴㄴ ㅎㅅ)
- 레몬 농사가 안 되어 레몬 가격이 올랐고 레몬의 가치가 높아졌다. (O, ×)

 **미니 논술**
어떤 농산물이 가치가 오를 경우 돈을 대신하는 역할을 할 수 있을까?

\#　　　\#　　　\#

정답 엘니뇨 현상, O

로봇이 음식을 배달한다고?

음식을 주문하면 배송 로봇인 '뉴비'가 가져다주는 곳이 있어. 교촌치킨 건대점과 건국대학교 간에 배달 서비스를 시범적으로 운영했지. 대학을 다니는 젊은이들은 새로운 서비스에 거부감이 적기 때문에 대학에서 시범 운영을 하게 되었어.

뉴비는 뉴빌리티라는 회사에서 만든 자율 주행 배송 로봇이야. 카메라가 장착되어 있고, 안정적으로 다닐 수 있어. 주문받으면 뉴비가 교촌치킨 건대점에 가서, 치킨을 받고 배달해야 하는 곳으로 배송하는 거야.

시범적으로 해 보고 잘 되면 상용화가 될 수 있어. '상용화'는 일상적으로 쓰이는 것을 말해. 만약 로봇 배송이 가능해지면 직원에게 주는 비용을 아낄 수 있어. 배달비도 1000원이라서 매우 저렴한 편이야. 가게 사장과 고객 모두에게 좋은 서비스인 거지.

그런가 하면 자율 주행 로봇을 만드는 또 다른 회사인 트위니는 '나르고 딜리버리'라는 새로운 제품도 만들었다고 해. 아파트, 오피스텔 같은 높은 건물에서 음식이나 작은 물건을 배송하는 데 활용한다고 하지. 앞으로도 로봇 배송 서비스는 여러 분야에서 늘어날 것으로 보여.

좋아요	따뜻해요	화나요	슬퍼요	놀라워요	오, 알겠어요

- 개발된 물건 등이 일상적으로 쓰이는 것을 뭐라고 하지? (ㅅㅇㅎ)
- 배송 로봇은 현재 상용화가 되어 있다. (○, ×)

- 사람 대신 로봇이 배송을 하면 어떤 점에서 좋을까?
- 배송 로봇 상용화, 어떻게 생각해?

\#   \#   \#

정답 상용화, X

우유 가격이 오르면?

　우유 가격이 올랐어. 2023년 원유 가격이 대폭 올랐기 때문이지. 젖소에서 이제 막 짜낸 우유를 원유라고 해. 대형 마트에서 2900원 정도 하던 어느 회사의 우유는 거의 3000원이 되었어. 다른 우유 회사들도 5% 전후로 모두 가격을 올렸지. 더 오를 거라는 예상도 있었지만 최소한으로 올렸다고 해.

　우유 가격이 오르면 우유를 넣어 만드는 제품들의 가격도 오르게 되어 있어. 이것을 '밀크플레이션'이라고 해. 밀크플레이션은 우유를 뜻하는 '밀크(milk)'와 '인플레이션(inflation)'을 합친 말이야. 인플레이션은 물건 가격들이 오르는 것을 뜻하지. 원유 가격은 해마다 계속 오르고 있어.

　우유가 들어가는 제품에는 빵이나 아이스크림, 치즈, 커피 등이 있어. 이런 제품의 가격도 오를 거라고 염려하고 있어. 우유를 넣어 만드는 음식을 파는 카페나 식당의 메뉴 가격도 오를 가능성이 있지.

　소비자단체에서는 가격을 내려달라고 요구하기도 했어. 원가 올라간 것보다 우유 가격을 더 올리고 있다면서 말이야.

좋아요　따뜻해요　화나요　슬퍼요　놀라워요　오, 알겠어요

퀴즈
- 우유의 가격이 올라 우유를 넣어 만든 제품들 가격도 오르는 현상은? (ㅁㅋㅍㄹㅇㅅ)
- 원유 가격은 해마다 오르락내리락한다. (O, ×)

미니 논술
밀크플레이션으로 영향을 받는 사람은 누구일까?

\#　　　\#　　　\#

정답 밀크플레이션, ×

요즘 많이 팔리는 과자는?

　1970년~1990년대에 새로 나온 과자들, 그러니까 오래전 나온 과자들이 여전히 많이 팔리고 있다고 해. 나이가 들어도 과자는 어릴 때 먹던 것을 좋아하는 경우가 많고, 과자 회사에서도 잘 팔리는 것을 중심으로 만들고 있기 때문이지. 너무 낯설게 느껴지거나 완전히 새로운 맛의 과자는 잘 안 팔린다는 뜻도 돼.

　여전히 많이 팔리는 과자는 홈런볼, 새우깡, 초코파이 등이야. 세상에 나오면서부터 지금까지 꾸준히 잘 팔리고 있어. 다른 과자 회사들도 새로운 과자를 많이 만들고 있지만 잘 팔리는 제품에는 거의 변함이 없는 거지. 특히 농심에서 만드는 새우깡은 출시된 지 50년이 넘었어. 2010년 이후에 만들어진 과자 중에서는 수미칩과 허니버터칩만 10등 안에 있다고 하지.

　기업들도 새로운 제품을 개발하기보다는, 이미 인기가 있었던 과자를 리뉴얼하거나 더 알리는 데 집중하는 마케팅을 하고 있어. 비교적 요즘 과자 중에서는 농심에서 만든 먹태깡이 품절되는 일이 있었어. 2023년에 나왔는데 앞으로도 잘 팔릴지 관심을 두고 있지. 롯데에서 만든 노가리칩은 어른들에게 인기가 많은 과자야.

좋아요　따뜻해요　화나요　슬퍼요　놀라워요　오, 알겠어요

- 오래전 나온 과자들이 여전히 잘 팔리는 까닭은 뭔지 말해 봐.
- 농심의 새우깡은 현재 단종(더 이상 나오지 않는 것) 상태다. (○, ×)

- 사람들이 어릴 때 먹던 과자를 늘 좋아하는 까닭은 뭘까?
- 네가 좋아하는 과자 중 사라지지 않았으면 하는 건 뭐야?

\#　　\#　　\#　　　　　정답 과자는 어릴 때 먹던 것을 좋아하기 때문, ×

우리도 치킨, 피자 다 팔 거예요!

치킨을 파는 곳에서 피자도, 피자를 파는 곳에서 치킨도 파는 경우가 늘고 있어. 버거를 팔던 신세계푸드에서는 피자도 팔기로 하고 이미 여러 곳에서 판매하고 있어. 맘스터치는 맘스피자라는 이름으로 가맹점을 늘린다고 했어. 1년 안에 200개로 늘리는 게 목표라고 해. 굽네치킨도 피자를 같이 팔았는데 반응이 좋아서 더 많이 팔기 위해 노력하고 있어. 치킨과 같이 먹으면 좋은 팬피자와 시카고피자를 주로 팔아.

그런가 하면 원래 피자를 팔던 곳이 치킨을 같이 팔기도 해. 파파존스는 원래 피자 회사인데 마마치킨을 열었어. 교촌치킨은 라면을 같이 파는 치면을 새로 내놓았지.

이렇게 업종 안에서 메뉴 경계가 사라지는 것을 '빅 블러(Big Blur) 현상'이라고 해. '블러(blur)'는 '흐릿해진다'는 뜻이고 그 말이 '크다'는 뜻의 '빅(big)'과 합쳐져 경계가 흐려지는 것을 의미하지. 사람들의 외식이 줄다 보니 이렇게 해서 손님이 더 오게 하려는 것인데, 효과가 있을지는 지켜보아야 해.

한편 이런 빅블러 현상은 다른 업종으로도 퍼져 나가고 있어. 호텔 같은 숙박 시설이 근처 관광지 입장 할인권을 주거나 렌트카(빌려 쓰는 차) 할인권을 주기도 해.

좋아요	따뜻해요	화나요	슬퍼요	놀라워요	오, 알겠어요

- 업종 안에서 메뉴 경계가 사라지는 현상은? (ㅂ ㅂㄹ ㅎㅅ)
- 피자, 치킨 등을 같이 팔기 시작한 가게들이 효과를 톡톡히 보고 있다. (O, ×)

메뉴 경계가 사라져서 이것저것 다 파는 건 좋을까, 안 좋을까?

\#   \#   \#

정답 빅 블러 현상, ×

아픈 아기들 분유 만드는 회사

　분유 만드는 회사 매일유업이 아픈 아기를 위한 분유를 만들고 있어. 우리나라에는 400명 정도의 아기들이 '선천성 대사 이상'이라는 병을 앓고 있는데, 이 아기들은 먹는 것을 조심해야 해. 분유도 특수 분유를 먹어야 하지.

　매일유업은 1년에 두 번은 일반 분유 만들기를 멈추고, 특수 분유를 만든다고 해. 기계를 새로 정비해야 하고 매우 깔끔하게 청소해야 하는 등 쉽지 않은 일이야. 특수 분유도 종류가 조금씩 달라서 만든 후에도 또 깨끗이 닦아야 하지.

　그러다 보니 손해가 날 수밖에 없어서 20년 넘게 손해를 보고 있다고 해. 회사를 만든 김복용 회장은 한 명의 아이라도 건강해야 한다면서, 사업은 돈을 벌기 위한 목적으로 하지만 이웃에 도움을 주는 이로운 일도 해야 한다고 했어.

　이 회사뿐 아니라 남양유업도 22년째 특수 분유를 만들고 있어. 어려운 가정에는 돈을 받지 않고 지원해 주기도 해.

　기업들이 이런 일을 하는 것은 사회에 도움이 되기 위한 거야. 사회로부터 돈을 버니까 다시 사회에 도움을 주려는 거지.

 좋아요　 따뜻해요　 화나요　 슬퍼요　 놀라워요　 오, 알겠어요

 퀴즈
- 선천성 대사 이상을 앓고 있는 아이들은 특수 분유를 먹는다. (○, ×)
- 특수 분유를 만드는 회사의 회장이 이 일을 하는 까닭이 뭐라고 했는지 말해 봐.

 미니 논술
회장의 말을 바탕으로 기업이 돈 버는 일 말고 사회적으로 해야 하는 일이 있다면 뭘까?

\#　　\#

정답 ○, 사업은 이웃에 도움을 주는 일도 해야 하기 때문.

기프티콘보다 싼 것도 주문할 수 있다

실제 상품으로 바꿀 수 있는 온라인 선물 서비스를 '기프티콘'이라고 해. 요즘 사람들은 서로의 휴대폰으로 기프티콘 선물을 보내곤 하지.

대개는 기프티콘 가격하고 똑같은 가격의 상품을 사야 하거나, 더 비싼 것을 사면서 돈을 더 내야 했어. 그러다 보니 돈을 더 내야 하는 것을 먹어야 하는 것에 불만이 있었지.

그런데 스타벅스에서 이제 기프티콘보다 싼 음식도 사 먹을 수 있게 했어. 기프티콘보다 싼 음식을 주문하면 잔돈이 남을 수 있겠지? 그럼, 손님이 가지고 있는 스타벅스 카드에 남은 금액을 충전할 수 있어. 카드가 없으면 그 자리에서 만들어 준다고 해.

이 서비스를 도입하고 얼마 후 소비자들은 메뉴 선택의 폭이 넓어져 좋다는 소감을 밝혔어. 다른 커피 프랜차이즈들 중 일부도 기프티콘 사용 후 잔액을 돌려주기 위한 시스템을 준비 중이라고 해. 기타 다른 프랜차이즈들도 이 서비스를 도입할지 관심이 모아지고 있어.

한편 기프티콘은 문자나 카카오톡을 통해 주고받을 수 있어. 주로 생일이나 축하할 만한 일이 있는 날 주고받곤 하지. 물건을 보내지 않아도 되니 편리하고, 잃어버릴 위험도 적어 많은 이들이 즐겨 사용하고 있어.

 좋아요   따뜻해요   화나요   슬퍼요   놀라워요   오, 알겠어요

 **퀴즈**
- 실제 상품으로 바꿀 수 있는 온라인 선물 서비스는? (ㄱㅍㅌㅋ)
- 스타벅스는 기프티콘보다 싼 음식을 먹으면 거스름돈을 주었다. (O, X)

 **미니 논술**
기프티콘을 사용할 수 있는 가게가 많아. 금액보다 적은 음식이나 물건을 살 수 없게 하는 것, 어떻게 생각해?

\#   \#   \#

정답 기프티콘, X

| 사회 | 경제 | 교육 | 과학 | 환경 | 국제 |

자동 결제되는 무인 편의점

　서울 금천구에 물건을 들고 나오기만 하면 자동 결제가 되는 무인 편의점이 생겼다고 해. 고객이 계산대에서 직접 결제하는 기존 방식과는 다른 편의점이지. GS25가 만든 편의점이야. 이 편의점을 이용하려면 우선 앱을 깔고 스마트폰을 대서 문이 열리면 입장할 수 있어. 그리고 들어가서 물건을 고르고, 그대로 나가면 돼.

　그럼, 돈은 어떻게 내야 할까? 앱을 깔았을 때 이미 손님이 누구인지 알 수 있게 했고, 편의점 안에 인공지능(AI) 카메라가 있어서 자동으로 결제가 되는 거야. 만약 1+1처럼 하나를 더 가져가야 하는데 손님이 실수로 가지고 나오지 않으면 앱에 저장되어서 나중에 가져갈 수 있어.

　앱을 깔고 인증을 하는 등, 스마트폰을 활용해야 하다 보니 MZ세대(1980~1995년에 태어난 밀레니얼 M세대와 1996~2010년에 태어난 Z세대를 합쳐 부르는 말) 손님이 많다고 해. 하지만 기존 편의점을 대신하기에는 아직 이르다는 의견이 많아. AI이기 때문에 오류가 발생할 수도 있어. 손님이 물건을 환불해야 할 때는 결국 사람이 해야 하지. 또 도난 발생 위험도 있어서 이러한 여러 문제를 해결하는 것이 우선이야.

　좋아요　따뜻해요　화나요　슬퍼요　놀라워요　오, 알겠어요

 퀴즈
- 1980~1995년생 밀레니얼 M세대와 1996~2010생 Z세대를 합쳐 부르는 말? (ㅇㅈㅅㄷ)
- 들어가면 사람이 인식되어 자동 결제까지 되는 무인 편의점이 전국적으로 많다. (○, ×)

 미니 논술
　무인 편의점에 대해 어떻게 생각해?

\#　　　\#　　　\#

정답 MZ세대, X

은행 예금 금리가 올랐다고?

은행에 일정한 기간 돈을 맡기는 것을 '예금'이라고 해. 예금을 하면 받는 이자가 있어. 그걸 '금리'라고 해. 돈을 빌리고 내는 이자도 '금리'라고 하지. 이 금리가 4%까지 올랐어. 돈이 있다면 은행에 맡기고 이자를 받는 것이 이득이 될 거야.

그런데 예금 금리가 오르면 대출(은행에서 돈을 빌리는 것) 이자도 올라. 그래야 은행이 수익을 낼 수 있거든. 그럼 문제는 은행에 빌린 돈이 있는 사람은 부담이 된다는 거야.

여러 은행의 금리를 조사했더니 1년 만기 정기 예금(정해진 돈을 일정 기간 맡겨 놓는 것) 상품 중에서 절반 이상의 금리가 4%가 넘었다고 해. 은행이 금리를 올리니까 새마을금고 같은 곳도 금리를 올렸어.

금리는 늘 변하는데 한동안은 금리가 너무 낮아 예금을 해도 이자가 많지 않았어. 그래서 사람들이 여윳돈을 어떻게 관리해야 하는지 고민하기도 했지.

사람들은 주로 여윳돈을 잘 늘리거나 필요한 돈을 빌리기 위해 은행을 이용해. 그런데 금리가 너무 낮으면 맡겨도 의미없기 때문에 여러 방식으로 노력하지. 은행마다 금리가 어떻게 다른지 부지런히 알아보는 것 또한 그런 이유야.

좋아요 따뜻해요 화나요 슬퍼요 놀라워요 오, 알겠어요

- 예금을 하면 주는 이자를 뭐라고 해? (ㄱㄹ)
- 예금 금리가 오르면 대출 이자는 내려간다. (O, ×)

은행 금리에 관심을 가져야 한다면 그 이유는 뭘까?

#   #   #

정답 금리, ×

요즘 부모, 절반은 체크카드로 용돈 준다

우리나라 최대의 신용카드 플랫폼인 카드고릴라에서 설문 조사를 했어. 아직 어른이 되지 않은 미성년자 자녀에게 용돈을 주는 방식으로, 약 50%의 부모가 체크카드라고 답했다고 해. 그다음으로 현금이나 부모님 카드를 주기도 한대. 현금 대신 카드를 주는 비율이 약 80%라고 해. 버스처럼 현금 사용이 불편한 경우도 있다 보니 어쩔 수 없이 카드를 주는 경우도 늘어나고 있어.

원래 신용카드는 어른이 되어야 만들 수 있었어. 그런데 2021년부터 12살이 넘으면 아이 이름으로 만들 수 있게 되었어. 미성년자이다 보니 신용카드로 쓸 수 있는 최대 금액을 한 달 50만 원까지 정해 둘 수 있어. 또한 미성년자가 들어가면 안 되는 가게에서는 사용할 수 없는데, 그런 가게들이 조금씩 확대되고 있다고 해.

신용카드는 말 그대로 신용으로 물건을 살 수 있는 카드야. 당장 현금이 없어도 미리 산 다음에 정해진 날짜에 한꺼번에 갚는 거지. 체크카드는 통장에 들어 있는 돈만큼만 사용할 수 있는 카드야. 카드로 결제하면 바로 통장에서 돈이 나가는 형태지.

좋아요 따뜻해요 화나요 슬퍼요 놀라워요 오, 알겠어요

· 통장에 들어 있는 돈만큼 사용할 수 있는 카드는? (ㅊㅋㅋㄷ)
· 신용카드는 성인이 되어야 만들 수 있다. (○, ×)

용돈을 현금, 체크카드, 신용카드 중 무엇으로 받는 것이 좋을까?

#   #   #

정답 체크카드, ×

의사라는 직업, 사라질 수도 있어

의사나 변호사 등의 직업이 사라질 수도 있대. 인공지능이 그 자리를 대신할 수 있으니까 말이야. 사람 대신 AI가 하게 되는 일이 여러 가지 있는데, 그중 의사나 한의사 등이 하는 일은 AI가 대신할 가능성이 매우 높은 것으로 나왔어. 회계사나 변호사도 마찬가지야. 약사가 해 오던 일이 자동화되면 약사 또한 사라질 직업에 속해 있다고 해.

반면 AI가 하기 어려워 사라질 가능성이 낮은 직업은 목사 등의 성직자, 교수, 교사, 가수, 경호원 등이라고 해. 연예인 또한 가상으로 보여주기도 하지만, 기계가 사람보다 나을 순 없어서 사라지지 않을 거야. 운동 선수도 마찬가지이고.

앞으로는 직업의 약 10% 이상을 AI가 대신 하게 될 거고, 여자보다는 남자가 대체될 가능성이 커. 사라질 가능성이 낮은 서비스 관련 일을 여자가 하는 경우가 더 많기 때문이야.

한편 미래에 새로 생길 직업에 대한 관심도 높아지고 있어. 사람의 유전병을 알아보고 미리 디자인하는 유전자 디자이너, 미래 도시를 개발하는 직업, 노인을 돌보고 돌아가신 후까지 도와주는 직업들이 떠오를 거야.

 좋아요　 따뜻해요　 화나요　 슬퍼요　 놀라워요　 오, 알겠어요

- AI가 하기 어려운 일은 무엇인지 말해 봐.
- 앞으로 직업의 약 10% 이상을 AI가 하게 된다. (○, ×)

- AI가 하게 될 직업을 고려한다면, 미래에 어떤 일을 하는 것이 좋을까?
- AI가 인간의 많은 일을 하게 되면 인간은 무엇을 하게 될까?

\#　　　\#　　　\#

정답 성직자, 교수, 가수 등, ○

이제 길에 로봇이 다닌다

'지능형 로봇법'이 시행되었어. 그래서 배달하거나 순찰하는 로봇이 길을 다니는 보행자처럼 여겨져서 인도로 다닐 수 있게 되었어.

길을 걷는 사람들이 안전해야 하므로, 무게 500㎏ 이하, 폭 80㎝ 이하인 로봇만 다닐 수 있다고 해. 로봇의 속도도 무게에 따라서 시속 5~15㎞ 이하여야 해.

이를 위해 먼저 정해진 인증 기관에서 안전한지 점검을 받아야 해. 허용된 곳만 잘 다니고 있는지, 횡단보도를 안전하게 이용하는지 등 16가지를 잘 지키면 운행 안전 인증을 받을 수 있어. 만약 도로교통법을 지키지 않으면 로봇 소유자에게 3만 원의 범칙금을 내게 해. 또 보험도 의무적으로 가입해야 해.

아직 초기 단계이기 때문에 로봇이 다니게 되면 면밀히 살펴볼 예정이야. 사람들도 로봇이 보이면 당황하거나 건드리지 않아야 한다고 해.

지능형 로봇법의 시행으로, 여러 기업들도 움직임을 보이고 있어. 앞으로 운행 안전 인증을 받으면 어디서든 로봇을 활용할 수 있으니까 말이야. 물건 배송, 순찰, 청소 등 다양한 분야에서 로봇이 더 많이 쓰일 것으로 내다보고 있어.

| 좋아요 | 따뜻해요 | 화나요 | 슬퍼요 | 놀라워요 | 오, 알겠어요 |

 **퀴즈**
- 로봇이 인도에 다닐 수 있는 법은? (ㅈㄴㅎ ㄹㅂㅂ)
- 길을 다니는 로봇은 안전 검사를 받아야 한다. (○, ×)

 **미니 논술**
로봇이 배달이나 순찰을 하게 되면 사회에 어떤 변화가 일어날까?

\#   \#   \#

정답 지능형 로봇법, ○

폐플라스틱 재활용, 기업이 나선다

몇몇 회사들이 다 쓰고 버려지는 플라스틱인 폐플라스틱을 적극적으로 활용하겠다며 나섰어. SK지오센트릭 대표는, 2025년에 32만 톤의 폐플라스틱을 재활용할 거라고 해. 환경오염을 막으면서 폐플라스틱을 활용해서 기업의 이익도 얻고자 하는 거야.

회사 대표 외 직원들 또한 페트병은 라벨 떼고 버리기, 비닐은 묻어 있는 것 씻어내기를 열심히 실천하고 있어. 모두 플라스틱을 재활용할 수 있는 플라스틱 굿바이 활동이야.

우리나라에서는 플라스틱이 많이 버려지고 있어. 1년 동안 소각(태우는 것)하거나 매립(땅에 묻는 것)하는 플라스틱이 무려 350만 톤이라고 해. 그중 9% 정도를 기업에서 처리할 거라고 하니, 엄청난 양이지.

플라스틱은 단순 분해해서 재활용할 수도 있고, 다시 원료 상태로 만들어 새로운 플라스틱으로 만드는 방법도 있어. 플라스틱의 장점이지. 우리나라뿐 아니라 플라스틱 쓰레기는 세계적인 문제이기에 기업의 이번 결정에 관심이 모아지고 있어.

| 좋아요 | 따뜻해요 | 화나요 | 슬퍼요 | 놀라워요 | 오, 알겠어요 |

 **퀴즈**
- 플라스틱은 재활용할 방법이 없다. (○, ×)
- 회사 대표가 폐플라스틱을 재활용하겠다는 이유는 무엇인지 말해 봐.

 **미니 논술**
해마다 많이 나오는 폐플라스틱을 잘 활용할 수 있는 방법은 뭘까?

정답 ×, 환경오염도 막고 기업의 이익도 얻기 위해서이다.

노후에 필요한 돈은 월 369만 원

　우리나라 어른들을 대상으로 조사했는데, 나중에 나이가 들어 생활하는 데 필요한 돈이 한 달에 369만 원이라고 나왔어. 369만 원은 우선 식사를 해결하는 데 쓰이고, 여행을 가거나 손주에게 용돈을 주는 데 필요해. 여행 등을 제외하고 먹고 자는 정도만 해결하기 위해서는 251만 원이 필요하다고 해.

　하지만 그때를 위해 지금 노력해서 준비해도 그만큼을 준비해 두기는 어려워. 지금 당장 소득이 적을 수 있고, 살다 보면 생각지 못하게 발생할 수 있는 사고, 자녀의 결혼 등으로 크게 지출할 수가 있지. 물가도 점점 올라가고 말이야. 따라서 나중에 나이 들어 필요한 돈을 모으는 것은 꽤 힘들어. 경제적인 지식과 방법이 충분하지 않으면 더욱이 쉽지 않지.

　조사 결과 노후 준비를 잘하고 있다고 답한 사람은 10명 중 2명 정도라고 하고, 또 10명 중 2명은 노후를 위해 미리 준비할 필요가 없다고 답했어. 자녀에게 부담을 주고 싶지 않아 실버타운에 사는 것이 나쁘지 않다는 응답도 절반을 넘어섰지.

 좋아요　 따뜻해요　 화나요　 슬퍼요　 놀라워요　 오, 알겠어요

 **퀴즈**
- 노후에 먹고 자는 정도만 해결하기 위해 필요한 돈은 얼마라고 해?
- 필요한 만큼 노후 자금을 마련해 두기 어려운 이유를 하나만 말해 봐.

 **미니 논술**
노후를 위해 필요한 돈을 잘 준비해 두려면 어떻게 해야 할까?

정답 251만 원, 물가가 오른다, 생각지 못한 지출이 생긴다 등

의사가 되고 싶은 이유는 돈?

의사가 되고 싶어하는 초등학생과 중학생을 대상으로 그 이유를 조사했어. 가장 큰 이유는 '돈을 많이 벌기 때문'이라고 말했어. 몇 년 전까지는 '좋아하기 때문'이라고 답을 했는데 그 이유가 달라진 거야. 이런 결과를 보면 최근에는 직업을 선택할 때 경제적인 것을 아주 중요하게 생각한다는 것을 알 수 있어.

2022년까지는 어떤 직업을 원하는 이유로 좋아하는 일이라서라는 응답이 가장 많았어. 그런데 점점 그 비율이 낮아지고 있어. 초등학생, 중학생, 고등학생 모두 그렇다고 해. 의사를 원하는 아이들의 경우에는 더욱 그 목적이 경제적인 이유였어.

이 결과는 한국직업능력연구원에서 조사해서 발표한 거야. 직업을 통해 돈을 버는 것, 그래서 안정적으로 사는 것은 참 중요해. 하지만 도전하는 마음, 발전하고 싶은 마음도 중요하지. 한국직업능력연구원은 두 가지를 조화롭게 생각하도록 노력해야 한다고 말했어.

게다가 의사가 된다고 해도 돈을 잘 벌 수 있을지 보장할 수 없지. 의사에게 가장 중요한 건 사람을 살리고 싶은 마음이니, 진짜 되고 싶다면 이유를 잘 생각해 보아야 해.

 좋아요 따뜻해요 화나요 슬퍼요 놀라워요 오, 알겠어요

- 의사가 되고 싶다고 한 학생들이 말한 이유는 뭐야?
- 학생들은 수입과 안정성도 중요하지만 도전과 발전하는 마음도 필요하다고 말했다. (O, X)

돈을 많이 벌기 위한 직업을 택하는 건 나쁜 것일까?

\#   \#   \#

정답 돈을 많이 벌기 때문이다, X

유명 유튜버가 사면 나도 산다

　유명 가수 노래 중에 '디토(Ditto)'라는 것이 있어. 라틴어로 '나도', '나 역시'라는 뜻이야. 요즘 유명한 유튜버나 인플루언서들이 사는 제품을 따라서 사는 것이 유행이야. 이런 것을 '디토 소비'라고 해. 무작정 따라 사는 것은 아니고, 자신과 비슷한 생각을 하거나 생활 방식이 비슷한 사람을 찾아서 그의 소비를 따라 하는 거야.

　유명 인플루언서들은 여러 제품을 사 보면서 가성비도 좋고 디자인도 멋진 제품을 잘 고를 거라고 생각해. 그래서 그들이 산 물건을 그대로 사면 고민 시간을 줄일 수 있다는 것이 따라 사는 이유야. 한 마디로 시간을 아낄 수 있는 건데 이를 '시성비'라고 해.

　문제는 자기의 취향과 가치를 온전히 반영하지는 못하기 때문에 소비가 너무 획일적이 될 수 있다는 거야. 실제로 지나치게 맹목적으로 따라 사는 현상도 보여. 한 커피 프랜차이즈가 선보인 텀블러가 유명해지면서 미국에서는 오픈런이 벌어지기도 했다고 해.

　이런 소비의 중심에는 다른 사람에게 있는 것은 나도 사야 한다는 생각이 깔려 있어. 나만 없으면 소외될 것 같은 마음에 불안한 거지. 정보가 너무 많은 시대에 어쩔 수 없는 현상일 수 있지만 한번쯤 생각해 볼 문제야.

 좋아요　 따뜻해요　 화나요　 슬퍼요　 놀라워요　 오, 알겠어요

· 유명 유튜버나 인플루언서가 사는 물건을 따라 사는 것을 뭐라고 해? (ㄷㅌ ㅅㅂ)
· 디토 소비의 문제는 뭐야?

· 네가 물건을 사는 기준은 뭐야?
· 디토 소비 현상에 대해 어떻게 생각해?

\#　　　\#　　　\#

정답 디토 소비, 지나치게 획일적인 소비가 될 수 있다.

가격은 그대로인데 뭔가 좀 부족하다?

'줄이다'라는 뜻의 '슈링크(shrink)'와 화폐의 가치가 떨어져서 물가가 계속 오르는 것을 뜻하는 말인 '인플레이션(inflation)'을 합쳐 '슈링크플레이션'이라고 해. 가격은 그대로인데 양을 줄이는 거야. 만두, 과자, 참치 캔 할 것 없이 슈링크플레이션을 시도하는 회사가 많아.

'스킴플레이션'이라는 말도 있어. '스킴(skimp)'은 지나치게 아끼는 것을 뜻해. 역시 가격이 오른다는 뜻의 '인플레이션(inflation)'을 합쳐 '스킴플레이션'이라고 해. 가격은 그대로인데, 제품의 질을 줄이는 거야. 예를 들어 과일 주스에 과일즙의 양을 줄이는 거지.

식품 회사들이 가격을 올리고 싶은데, 가격이 오르면 소비자들이 사지 않을까 봐 이런 방법을 많이 사용해. 식품 회사뿐 아니라 지금은 식당, 자동차, 기타 다른 물건을 팔 때도 이런 방법을 사용하고는 해. 예를 들어 식당을 처음 열었을 때는 음식을 푸짐하게 주다가, 나중에 양을 살짝 줄이는 것 등이지.

소비자들은 익숙한 물건을 살 때 자세히 보지 않기 때문에 두 가지 경우 모두 속은 것 같다고 말해.

 좋아요   따뜻해요   화나요   슬퍼요   놀라워요   오, 알겠어요

- 가격은 그대로인데 양을 줄이는 것을 뭐라고 해? (ㅅㄹㅋㅍㄹㅇㅅ)
- 회사들이 슈링크플레이션, 스킴플레이션의 방식을 취하는 이유는 뭐야?

슈링크플레이션, 스킴플레이션에 대해 어떻게 생각해?

\#   \#   정답 슈링크플레이션, 가격이 오르면 소비자들이 사지 않을 것이 걱정되기 때문.

유튜브 프리미엄, 월 사용료 올랐다

2023년 말 유튜브가 프리미엄 멤버십 가격을 올렸어. 3년 만이라고 해. 원래는 1만 450원이었는데 1만 4900원이 되는 거야. 2020년 9월 전에 가입한 사람은 3개월 간 이전 가격으로 사용할 수 있고, 2020년 9월 이후 가입한 사람은 30일 간 이전 가격으로 사용할 수 있어.

유튜브 측에서는 크리에이터들을 지원하기 위해서라며 가격을 올릴 수밖에 없는 이유를 말했어. 그러나 우리나라 사람들 중 상당히 많은 사람들이 유튜브를 보기 때문에, 부담스럽다는 반응을 보이고 있어. 현재 프리미엄 가입자는 전세계 통틀어 약 8000만 명이야.

이미 넷플릭스에서도 가입비를 올린 터라, 사람들은 가정 경제에 부담이 된다는 반응이야. 음성이나 영상 등을 재생하는 '스트리밍'과 오른다는 뜻의 '인플레이션'을 합쳐 '스트림플레이션'이라고 부르는데, 이것도 스트림플레이션 현상이야.

가격이 계속 오르다 보니 좀 더 저렴한 플랫폼으로 옮겨다니는 디지털 유목민까지 생기고 있어. 할인되는 상품을 찾아다니는 거지. 일부 사람들은 불법으로 영상이나 음악을 다운로드하기도 하는데, 이것도 하나의 사회 문제야.

퀴즈
- 음성이나 영상 등을 제공하는 스트리밍 서비스의 가격이 오르는 것은? (ㅅㅌㄹㅍㄹㅇㅅ)
- 넷플릭스, 유튜브의 가격 상승에 사람들이 부담스러워하고 있다. (O, X)

미니 논술
스트림플레이션에 대비하는 방법이 있다면 뭘까?

정답: 스트림플레이션, O

마트 의무 휴업일은 누구를 위한 걸까?

서울 서초구의 대형 마트에서 처음으로 쉬는 날을 평일로 바꾼다고 해. 나라에서 의무적으로 쉬게 하는 날이 있는데 원래는 일요일이었어. 서초구에는 큰 마트가 많은데, 그 마트들이 이제는 쉬는 날을 평일 중 하루로 바꾸려는 거야.

대형 마트 의무 휴업일은 2012년부터 시작되었어. 현재는 월 2회 의무적으로 문을 닫아야 하고 밤 12시부터 오전 10시까지는 영업을 할 수 없어. 기업형 슈퍼마켓(SSM)이 전국 여기저기 생기면서 작은 가게, 전통 시장이 피해를 본다는 것이 이유였지. 24시간 영업하고 1년 내내 쉬는 날이 없어 노동자들이 제대로 쉬지 못하는 것 또한 문제였어.

하지만 이 제도는 늘 논란이 되어 왔어. 의무적으로 대형 마트 문을 닫게 했지만 그렇다고 해서, 작은 가게나 전통 시장을 살리는 효과는 적었어. 소비자들은 오히려 온라인으로 물건을 구입하는 경우가 많거든. 또한 대형 마트가 자유롭게 영업할 수 있는 권리를 나라에서 법으로 제한하는 것이 옳은지에 대해서도 늘 말이 많았어.

좋아요 따뜻해요 화나요 슬퍼요 놀라워요 오, 알겠어요

- 법으로 마트를 의무적으로 쉬게 하는 날은 (ㅁㅌ ㅇㅁ ㅎㅇㅇ)
- 마트 의무 휴업일로 인해 작은 가게와 전통 시장이 살아났다. (O, X)

- 전통 시장을 살리는 방법은 뭘까?
- 전통 시장을 살리기 위해 대형 마트의 휴업일을 나라에서 정해 주는 것에 대해 어떻게 생각해?

\#   \#   \#

정답 마트 의무 휴업일, X

환경과 사람을 생각하는 기업이 늘고 있다

　ESG 경영에 대해 관심이 높아지고 있어. ESG는 환경(Environmental), 사회(Social), 지배 구조(Governace)의 약자인데, 이 세 가지를 기업의 중요한 가치로 생각하는 것을 말해. 기업이 지속 가능하기 위해 사회적인 책임도 생각하면서 경영하는 거지. 우리나라에서는 2020년부터 확산되기 시작했어. 소비자들 또한 윤리적인 기업, 환경을 생각하는 기업을 바라다 보니 기업들도 이를 무시하지 않고 나서는 거야.

　12월 5일은 무역(나라와 나라 사이에 물건을 사고파는 것)의 날인데, 2023년에는 무역의 날 60주년을 맞아 기업의 이런 경영 정신에 맞물려 공정 무역에 대해서도 돌아보는 움직임이 있었어. 생산지에서 물건을 터무니없는 가격에 사 와, 생산자들의 생존권을 보장하지 못하고 노동력을 함부로 사용하는 일이 많아. 이렇게 불공정한 무역의 반대, 즉 생산자들의 생존권을 보장하는 착한 무역이 '공정 무역'이야.

　한편 ESG 경영을 멈추어야 한다는 목소리도 있어. 기업의 생존이 어려운 상황에서 ESG 경영은 어렵다는 거지. 스태그플레이션(경기 침체와 물가 상승이 같이 일어나는 현상)으로 인해 어려운 기업들이 늘고 있는 거야.

 좋아요　 따뜻해요　 화나요　 슬퍼요　 놀라워요　 오, 알겠어요

퀴즈
- 환경, 사회, 지배구조를 기업의 중요한 가치로 생각하는 경영은?
- 소비자들이 ESG 경영이나 공정 무역에 관심을 갖는 이유를 말해 봐.

미니 논술
기업이 윤리적인 태도를 가지고 운영해야 하는 까닭은 뭘까?

정답 ESG 경영, 환경과 사회를 생각하는 사람이 늘고 있기 때문.

소비자가 달라지고 있다

　물건이나 서비스를 소비하는 사람을 '소비자'라고 해. 이들이 달라지고 있어. 단순히 자신만을 만족시키는 소비가 아니라, 세상으로 시선을 돌려 다른 사람에게 피해가 가진 않는지, 환경에 문제가 되지는 않는지 생각하며 소비하는 사람이 늘어나는 거야.

　커피 전문점에서 음료를 사기 위해 텀블러를 들고 다니는 사람도 많아졌고, 재사용이 가능한 일회용품은 다시 사용하기도 해. 환경을 생각하지 않는 기업의 물건은 사지 않는 불매 운동을 벌이기도 하지.

　MZ세대(1980년부터 2010년까지 출생한 사람을 이르는 말) 중에서도 좀 더 비싸더라도 환경이나 사람을 생각하는 기업의 제품을 쓸 마음이 있다고 답한 사람이 많아. '가치'를 생각하는 '가치 소비'도 물건을 사는 하나의 요인이 되는 거지. 다시 말하면 가치 소비는 물건이나 서비스를 선택할 때, 환경이나 사회, 미래 세대까지 생각해서 소비하는 습관이야. 재활용 가능한 제품, 탄소 중립 제품 등을 주로 사용해.

　소비자들의 의식이 변화하다 보니 기업들 또한 이를 생각하지 않을 수 없어. 물건을 만들어 팔 때 환경과 사람을 생각해야 하는 건 기업의 윤리이기도 해.

좋아요	따뜻해요	화나요	슬퍼요	놀라워요	오, 알겠어요

- 어떤 기업의 물건을 사지 않는 것은? (ㅂㅁ ㅇㄷ)
- 소비자가 어떻게 달라지고 있다고 말하고 있어?

우리 가족의 소비는 어떠한지 기사를 바탕으로 말해 보고, 앞으로의 결심도 이야기해 봐.

\#　　　\#

정답　불매 운동, 세상과 환경을 생각하는 제품을 구입한다.

| 난이도 ★★ | 사회 | 경제 | 교육 | 과학 | 환경 | 국제 | | 월 일 |

우리 집 엥겔 지수 올라가는 소리

　식료품뿐 아니라 옷이나 생활용품 등 모든 것의 가격이 무섭게 오르다 보니 소비자들의 마음도 꽁꽁 얼어붙고 있어.

　마트에 가서 장을 보려고 돌다 보면 양념류부터 주요 식료품, 가공식품, 과일류까지 오르지 않는 게 없어. 옷이나 신발 등도 마찬가지이고. 이렇다 보니 물가 인상에 대해 소비자들이 몸으로 느끼는 건 더 크게 다가올 거야. 게다가 집을 빌려 살며 내는 돈인 월세까지 올라 서민들 마음에 찬바람이 불고 있어.

　가격이 오르면 사람들이 소비를 덜하기 때문에 장사하는 사람들은 손님이 줄어 운영이 어렵다고 말해. 오프라인 가게뿐 아니라 온라인에서 물건을 사는 사람들도 소비를 줄이고 있지.

　의식주와 관련된 모든 물가가 오르니 엥겔 지수도 오르고 있어. 한 가정에서 지출하는 비용 중에서 식료품비가 차지하는 비율을 '엥겔 지수'라고 하는데, 물가가 오르면 그럴 수밖에 없지. 부유한 나라일수록 엥겔 지수가 낮고, 가난한 나라일수록 엥겔 지수가 높아.

 좋아요　 따뜻해요　 화나요　 슬퍼요　 놀라워요　 오, 알겠어요

· 한 가정에서 지출하는 비용 중에서 식료품비가 차지하는 비율은? (ㅇㄱ ㅈㅅ)
· 온라인에서는 여전히 소비가 많이 이루어지고 있다. (ㅇ, ×)

식료품비를 아낄 수 있는 방법은 뭘까?

\#　　\#　　\#

정답 엥겔 지수, ×

편의점 앱으로 배달시켜 볼까?

　GS25 편의점의 앱을 통해 배달시키는 음식 중 1위는 바로 치킨이래. 어른들은 맥주도 많이 주문했어. 앱을 통해 배달시키거나 픽업(직접 가져가는 것)하면 할인 쿠폰을 사용할 수 있어서 소비자들이 이를 적극적으로 이용하기도 해.

　편의점마다 잘 팔리고 자주 품절되는 인기 상품들이 있는데, 이 인기 상품을 사기 위해서 가게에 상품이 얼마나 있는지 앱으로 찾아보는 소비자도 많이 늘었어. 편의점도 앱을 통해 배달, 픽업하는 손님이 많아지도록 노력하고 있어. 앱의 기능 또한 더 좋게 만들려고 애쓰고 있지. CU편의점 또한 많은 비용을 들여 앱의 기능을 더 좋게 만들고 있어. 물건이 남아 있는지 확인할 수 있는 기능을 처음 만든 편의점도 CU야.

　편의점 앱을 계속 강화하고 있는 이유는 편의점 고객 중에는 MZ세대가 많기 때문이야. 최근에는 재미있는 상품을 사는 '펀슈머 트렌드', 합리적으로 따져 조금이라도 나은 제품을 사려는 '스마슈머 트렌드'가 유행이라, 이런 소비자를 위한 제품도 만들 거라고 해. '펀슈머'는 '재미'라는 뜻의 '펀(fun)', '소비자'를 뜻하는 '컨슈머(consumer)'를 합친 말이야. '스마슈머'는 '스마트(smart)'한 '컨슈머(consumer)'라는 뜻이겠지.

좋아요　따뜻해요　화나요　슬퍼요　놀라워요　오, 알겠어요

 퀴즈
- 재밌는 상품을 사는 트렌드는? (ㅍㅅㅁ ㅌㄹㄷ)
- 소비자들이 앱을 통해 편의점 물건을 사는 까닭은 뭔지 말해 봐.

 미니 논술
편의점 앱을 사용하는 것과 직접 가서 사는 것, 무엇이 더 좋을까?

\#　　\#　　　　　　　정답　펀슈머 트렌드, 할인 쿠폰을 사용할 수 있기 때문이다.

대형 마트 착한 치킨, 자영업자는 운다

대형 마트에 가면 저렴한 치킨을 볼 수 있어. 1만 원도 안 되는 가격으로 한 마리를 주기도 하고, 이벤트를 할 때는 가끔 2마리가 1만 원이 안 되기도 하지.

대형 마트에서 치킨을 저렴하게 팔면 사실 소비자들은 나쁠 것이 없어. 요즘 치킨을 주문하면 최소한 2만 원 내외이다 보니 부담이 되는 것도 사실이거든. 마트뿐 아니라 편의점 또한 치킨이 비싼 시대에 틈새를 노리고 있어. 비교적 저렴한 가격에 다양한 치킨을 선보이고 있고, 할인 행사도 종종 하고 있어. 외식 물가가 계속 오르고 있다 보니 소비자들은 반기고 있지.

하지만 이로 인해 힘들어하는 사람도 있어. 바로 치킨 가게를 하는 사장님이야. 배달비, 공과금, 재료비 등 들어가는 돈을 고려해서 치킨 가격을 정하는 건데, 대형 마트에서 너무 싸게 파니 경쟁하기가 힘든 거지.

한편에서는 대형 마트의 착한 마케팅 때문에 치킨 가게가 어려운 건 아니라고 이야기해. 두 가지를 대비시킬수록 대형 마트에 대한 괜한 오해만 일으킬 수 있다면서 말이야. 오히려 온라인 쇼핑이 대형 마트, 작은 치킨 가게 모두를 위협한다는 거야.

좋아요　　따뜻해요　　화나요　　슬퍼요　　놀라워요　　오, 알겠어요

- 대형 마트의 저렴한 치킨은 모두를 살리는 길이다. (O, ×)
- 소비자들이 대형 마트의 치킨을 좋아하는 이유가 뭘까?

- 같은 치킨인데 대형 마트에서 더 저렴하게 팔 수 있는 이유는 뭘까?
- 대형 마트에서 치킨 전문점보다 치킨을 더 저렴하게 파는 것에 대해 어떻게 생각해?

\#　　　\#　　　\#

정답　X, 치킨 전문점보다 저렴해서

Z세대는 복제품, 듀프를 즐긴다

　복제품은 영어 '듀플리케이션(duplication)'을 줄여 '듀프(dupe)'라고도 해. 2023년 소비 트렌드는 한 마디로 듀프였어. 유명한 제품을 똑같이 만든 복제품을 많이 산 거지. Z세대(1990년대 중반부터 2000년대 초반까지 태어난 세대)들이 복제품을 주로 많이 사는데, 무조건 저렴해서가 아니야. 저렴한 복제품을 사는 것이 하나의 자랑거리가 되기도 하고 놀이가 되기도 해.

　이들은 복제품의 이름 뒤에 듀프(dupe)라고 붙이기도 하고, 사고 나서 SNS에 자랑도 해. 자신을 꾸미기 위한 물건을 사는 데 굳이 비싼 건 필요하지 않다면서, 복제품을 산 것을 당당히 드러내는 거야. 진짜 유명 제품을 살 여유가 있어도 듀프 제품을 사는 이유이기도 해. 품질이 나쁘지 않으면서 가장 저렴한 제품을 찾아 공유하는 것 또한 이들의 놀이 문화가 되었어.

　한편 이런 소비 트렌드 때문에 여러 회사들이 복제품 만들기에 열을 올리고 있어. 이에 대해 본래 제품을 똑같이 만드는 것은 도리에 어긋난다는 의견, 어차피 유명 제품과 복제품은 사는 사람이 아예 다르기 때문에 상관없다는 서로 다른 의견이 오가고 있어.

좋아요	따뜻해요	화나요	슬퍼요	놀라워요	오, 알겠어요

· 유명한 제품을 똑같이 만든 물건을 뭐라고 해? (ㄷㅍ)
· 듀프를 구매하는 이들이 당당하게 드러내며 어떤 이유를 말하고 있어?

듀프 제품을 만들고 사는 것에 대해 어떻게 생각해?

\#　　　\#

정답 듀프, 자신을 꾸미기 위한 물건이 굳이 비쌀 필요없다.

가성비만큼 중요한 시간 절약

오늘날 사람들은 참 바쁘게 살아. 늘 시간 부족에 시달리고 있지. 예전에는 무언가를 구입하거나 서비스를 소비할 때 좋은 '가성비'를 따졌어. 가성비는 가격 대비 성능이나 효과를 말하지. 그런데 지금은 시간을 아낄 수 있는 제품이나 서비스도 많이 이용해.

대표적으로 앱을 통해 가사 도우미를 찾는 경우가 있어. 필요한 시간에 서비스를 받을 수 있으니 각자 상황에 맞게 이용하는 거지. 무인 세탁소나 세탁물을 직접 가져가서 세탁해 가져다 주는 서비스를 이용하기도 하지. 음식점도 앱을 통해 통해 미리 예약하고 기다리는 시간을 줄이고.

출퇴근 시간을 아끼기 위해 직장 가까운 곳으로 이사를 가는 이들도 있어. 이렇게 시간을 잘 사용하는 우리 사회 모습을 가리켜 '분초 사회'라고 부르기도 해. 분초(1분, 1초)를 다투며 살게 되었다는 의미야.

그렇게 시간을 벌고 나면 그 시간은 자기 계발이나 여행을 하는 등 자신을 위한 일에 써. 점점 더 자신에 투자하는 현대인들의 마음이 소비에도 반영되고 있는 거지. 단순히 바빠서라기보다는 갖는 것보다 경험하는 것이 더 가치 있다는 쪽으로 생각이 변화한 거야.

좋아요	따뜻해요	화나요	슬퍼요	놀라워요	오, 알겠어요

· 가격 대비 성능이나 효과를 뭐라고 해? (ㄱㅅㅂ)
· 시간 절약 소비로 벌게 된 시간에 무엇을 한다고 하는지 말해 봐.

가성비 소비, 시간 절약 소비로 인해 알 수 있는 사회 모습이나 특징은 뭘까?

\#   \#   \#

정답 가성비, 자기 계발, 여행 등

일하는 여성은 늘었지만…

직원을 뽑을 때 예전에 비해 여성을 채용하는 비율이 늘었어. 남성들은 늘 비슷한 수로 고용되고 있는데 여성을 고용(월급을 주고 직원으로 뽑아 일을 하도록 하는 것)하는 비율은 꾸준히 오르고 있어.

결혼 후 아이를 낳고 키우는 시기에는 여성들이 일을 많이 하지 못했어. 그 시기에 일을 멈추다 보니, 여성 고용률 그래프는 M자 모양이었지. M 모양의 뚝 떨어진 가운데 부분이 바로 출산 후 아이를 키우는 연령대였던 거야. 이 시기에 경력 단절이 많이 생겨. 그런데 이제 달라지고 있어. 출산, 육아 시기에 고용되는 비율도 늘어나는 거지.

하지만 여성 취업자의 대우는 여전히 낮은 상태야. 2023년 조사에 따르면, 2022년 여성 직장인의 월급이 남성 직장인의 70% 정도인 것으로 나타났어. 2012년 64.8%였던 것에 비해 조금 오르긴 했으나, 여전히 남성보다는 적어. 일하는 여성의 대우를 올리는 것에 대해 생각해 볼 때야.

더 높은 자리로 올라가는 승진도 비교적 어렵고, 직책(맡은 임무)이 아니라 '아줌마' 등의 호칭으로 불리는 경우도 아직 있다고 해. 직장에서의 성차별 문제는 계속 해결해 나가야 해.

좋아요   따뜻해요   화나요   슬퍼요   놀라워요   오, 알겠어요

- 직원을 뽑아 일을 하도록 하는 것을 뭐라고 할까? (ㄱㅇ)
- 여성 고용률은 꾸준히 하락하고 있다. (○, ×)

- 남성, 여성의 월급이 차이가 나는 까닭은 무엇일까?
- 이를 조금이라도 나아지게 하려면 어떻게 해야 할까?

\#   \#   \#

정답 고용, ×

우리 동네는 새벽 배송 될까?

　전날 밤까지 주문하면 다음날 새벽에 배송해 주는 '새벽 배송'이라는 시스템이 있어. 식재료부터 시작해 웬만한 물건은 새벽에 배송받을 수 있는 곳이 많고, 새벽 배송을 시도하려는 기업도 많아.

　새벽 배송을 위해 밤샘 근무를 하는 사람들이 많은데, 늦은 밤 창고에서 물건을 정리하고 보내기 위한 준비를 하느라 분주하게 움직이고 있어. 배송 준비까지 마치면, 물품이 총 34개 도시로 배송이 돼. 보통 아침 7시 전까지 배송이 완료되지.

　하지만 모든 지역이 가능한 건 아니야. 주로 도시의 중심부인 도심이 아니라면 새벽 배송은 꿈 같은 이야기야. 전국 도시 중 거의 절반에서는 새벽 배송으로 물건을 받아 보기 어려워. 새벽 배송 제품 중 신선 식품이 많다 보니 도시에서 떨어진 곳은 쉽지 않은 거지. 배송하려는 업체로서는 인구가 적은 곳으로 가는 것이 큰 이득이 되지 않기도 하고. 사는 지역에 따라 새벽 배송의 혜택도 다르게 받는 거야.

　한편 점점 많은 업체들이 새벽 배송 시스템을 도입하고 있어. 빠른 배송을 원하는 소비자를 생각하며, 경쟁력을 높이려는 거지.

좋아요　따뜻해요　화나요　슬퍼요　놀라워요　오, 알겠어요

 퀴즈
· 전날 밤 주문하면 다음날 새벽에 배송해주는 것을 뭐라고 할까? (ㅅㅂ ㅂㅅ)
· 도심에서 떨어진 곳에 새벽 배송이 어려운 까닭은 뭘까?

 미니 논술
· 새벽 배송은 모두에게 좋은 것일까?
· 도심에서 먼 곳도 새벽 배송을 하려면 누가 어떻게 해야 할까?

\#　　　\#　　　정답 새벽 배송, 신선 식품은 멀리 가기 힘들고 업체에서 이익이 나지 않아서.

노인 일자리가 필요하다

우리나라의 노인 인구는 계속 늘고 있어. 전문가들은 앞으로도 늘어날 거라고 보고 있어. 이런 상황에서 노인도 일을 할 수 있게 일자리를 마련해야 한다는 의견이 계속 나오고 있어. 노인의 생계 유지도 중요하고, 나라 입장에서도 노인이 일을 하면 나라를 더 안정적으로 이끌어갈 수 있기 때문이야. 일하지 못해 겪는 외로움도 해결할 수 있지.

노인들 자신도 새로운 일자리를 원하는 경우가 많아. 생활에 필요한 돈을 마련해야 해서 일을 원하는 경우가 많다고 해. 고령화 사회에서 노인도 이렇게 경제 활동에 참여하는 것을 '시니어노믹스'라고 해. '어르신'을 뜻하는 '시니어(senior)'와 '경제'라는 뜻의 '이코노믹스(economics)'가 합쳐진 말이지.

문제는 안전한 일자리를 만드는 거야. 생계 때문에 너무 위험한 일을 해서는 안 되잖아. 노인은 신체적으로 약해져 있기 때문에, 하루에 다만 몇 시간이라도 일할 수 있는 좋은 일자리가 많이 필요해.

지역마다 노인 일자리를 만들고 노인들이 안전하게 일을 하게 하려고 여러 정책을 펼치고 있어. 일을 잘할 수 있는지 인지 검사와 치매 검사를 하기도 해.

좋아요	따뜻해요	화나요	슬퍼요	놀라워요	오, 알겠어요

- 고령화 사회에서 노인이 경제 활동을 하는 것은? (ㅅㄴㅇㄴㅁㅅ)
- 노인이 일을 하면 어떤 점에서 좋은지 말해 봐.

65세 이상의 노인이 하기에 적당한 일은 어떤 것이 있을까?

\# \#

정답 시니어노믹스, 생계를 유지할 수 있고 나라도 더 잘 이끌어갈 수 있다.

3

교육

- 수업 방해하면 스마트폰 빼앗는다
- 이제는 다민족 학교 시대
- 디지털 기기로는 독해력 자라지 않아
- 학교 그만둔 학생 5만 명

4

과학

- 챗GPT가 듣고 말한다고?
- 외계 생명체, 곧 발견될까?
- 쥐도 상상력이 있다
- 무인 소방기가 하늘을 난다

| 사회 | 경제 | 교육 | 과학 | 환경 | 국제 |

수업 방해하면 스마트폰 빼앗는다

교육부에서 수업을 가로막는 학생은 스마트폰을 빼앗고 교실 밖으로 나가게 할 수 있다는 내용을 알렸어. 학생이 문제를 일으키면 물리적인 힘으로 막아도 된다는 내용도 담겼지. 다른 학생의 공부할 권리를 방해하면 안 되기 때문이야.

학생의 행동에 문제가 있다면 잘 지도해야 하는 것이 당연해. 그런데 그동안은 학생의 인권을 해친다고 해서 시행하기가 쉽지 않았거든. 수업 중 스마트폰 사용을 금지하지 말아달라는 학부모도 있었고, 교사가 아동 학대로 신고당하는 일도 있었어.

그런데 이번에는 수업을 방해하는 학생의 스마트폰을 빼앗고 교실 밖으로 나가게 해도 문제가 되지 않도록 법적으로 잘 준비한 거야.

한편 학교에서 스마트폰 사용하는 것을 아예 금지하는 나라도 있어. 영국은 전국 학교에서 휴대전화를 사용하지 못하게 할 거라고 발표했어. 수업 시간은 물론 쉬는 시간에도 사용할 수 없게 한다고 해. 휴대전화는 교실에서 방해가 될 뿐이라는 것이 이유야.

네델란드는 모바일 기기 전체를 사용하지 못하게 하고 있어. 미국의 어느 고등학교는 스마트폰 사용을 금지해 보았더니 학생들의 행복도가 올라갔다고 해.

좋아요 　따뜻해요 　화나요 　슬퍼요 　놀라워요 　오, 알겠어요

 퀴즈
- 그동안 수업에 방해되는 학생을 적극적으로 제지하지 못했던 까닭은 뭐지?
- 수업을 방해하는 학생의 스마트폰 사용을 제지할 수 있게 되었다. (○, ×)

 미니 논술
수업을 방해하는 학생의 스마트폰을 빼앗거나 교실 밖으로 나가게 하는 것에 대해 어떻게 생각해?

\# 　　\#

정답 아동 학대로 신고당하기도 하고 학생 인권을 해친다고 해서, ○

다시 종이책이다

　스웨덴이 유치원에서 태블릿 PC와 스마트폰을 사용하기로 했었는데 이를 취소했대. 6살이 되지 않은 아이들은 태블릿 PC와 스마트폰 같은 디지털 기기를 사용하지 않게 하는 거지. 그 대신 종이책을 읽고 손으로 글씨를 쓰게 하고 있다고 해.

　공부나 학습을 기계로 하다 보니까 아이들이 글을 읽고 이해하는 능력이 점점 떨어져서 이런 결정을 했어. 초등학생이 얼마나 잘 읽는지 검사를 했는데 전보다 점수가 낮게 나와 걱정이 되었다고 해.

　스웨덴뿐 아니라 캐나다의 경우에도 3학년부터 글씨 쓰기 수업을 다시 한다고 해. 직접 손으로 글씨를 쓰는 것이 더 생각을 많이 하게 하고, 잘 표현하게 한다는 거지. 프랑스에서는 2018년부터 아예 수업 중에 스마트폰을 못 쓰게 하고 있어.

　우리나라의 전문가들도 디지털 기기를 사용하면 집중력이 떨어지고, 종이책을 보며 공부를 해야 아이들이 상상력을 더 키울 수 있다고 했어. 디지털 기기는 고학년이 되어서 쓰는 것이 좋다면서 말이야.

 좋아요　 따뜻해요　 화나요　 슬퍼요　 놀라워요　 오, 알겠어요

 퀴즈
- 스웨덴에서 태블릿 PC와 스마트폰을 사용하지 않기로 한 까닭은 뭐지?
- 디지털 기기를 사용하면 집중력이 향상된다. (O, ×)

 미니 논술
디지털 기기로 수업해도 좋은 나이는 몇 살이라고 생각해? 이유는?

\#　　\#　　\#

정답　글을 이해하는 능력이 점점 떨어지기 때문이다, ×

이제는 다민족 학교 시대

　2023년 말 기준으로 전교생의 30% 이상이 다문화 학생이거나 외국인의 자녀로 구성된 초, 중, 고등학교가 총 90개라고 해. 전교생이 다문화 학생인 학교도 많아.

　다문화 학생은 우리나라에서 태어났는데 부모 중 한 사람이 외국인인 경우를 말해. 그리고 외국인 학생도 많아지고 있어. 외국인이 우리나라에 일하러 오면서 아이를 데리고 온 경우 외국인 학생이 되는 거지. 다문화 학생을 포함해 부모나 자신이 외국에서 이주한 학생들을 '이주 배경 학생'이라고 부르기 시작했어. 2023년 기준으로 이주 배경 학생은 18만 명을 넘어섰어.

　이주 배경 학생이 점점 늘어나다 보니 나라에서는 우리말 교육을 늘려가고 있어. 우리말이 서툴면 학업에 어려움을 겪거든. 형편이 어려운 경우 장학금도 주고 있지. 이주 배경 학생은 사회적으로 차별을 당하거나, 학교 폭력에 노출되어 있는 등 어려움을 겪고 있어서 도움을 주려는 거야.

　우리나라는 점점 출산을 안 하고 있어. 그래서 날이 갈수록 다민족 사회가 되어 가고 있지. 이런 현상을 받아들이고, 모두가 잘 교육받을 수 있게 해야 할 거야.

 좋아요　 따뜻해요　 화나요　 슬퍼요　 놀라워요　 오, 알겠어요

- 다문화 학생을 포함해 부모나 자신이 외국에서 이주한 학생은? (ㅇㅈ ㅂㄱ ㅎㅅ)
- 이주 배경 학생이 늘어가지만 나라의 지원은 없다. (○, ×)

이주 배경 학생을 위한 교육 지원에 대해 어떻게 생각해?

\#　　　\#　　　\#

정답: 이주 배경 학생, ×

선생님은 수학여행이 걱정이다

　체험 학습이나 수학여행을 갈 때 노란 버스만 이용해야 한다고 해서 큰 혼란이 있었어. 나라에서는 법을 바꾸어서 노란 버스가 아닌 전세 버스도 이용하게 했어. 그런데 문제는 취소된 수학여행을 다시 가려는 학교는 많지 않다는 거야. 오히려 이번 기회에 수학여행을 없애는 것이 어떻겠느냐는 의견도 나오고 있어.

　선생님들이 체험 학습이나 수학여행을 갔을 때 사고에 대한 책임, 학부모의 불만 제기에 부담이 큰 거야. 어떤 부모는 수학여행지의 음식에도 불만을 표현했다고 해. 설문 조사에서 약 90%의 교사가 체험 학습이나 수학여행의 불만과 사고에 대해 학부모가 항의할까 봐 걱정된다고 말했어. 약 50% 이상은 이번 기회에 수학여행, 체험 학습 등이 폐지되는 것이 좋다고 답하기도 했어. 문제가 생겼을 때 어떻게든 교사에게 책임을 지라고 하는 상황에서는 더이상 지속하기 어렵다는 거지.

　그런가 하면 일부 학교는 2024년 수학여행에 대해 설문 조사한 결과 학부모의 찬성도가 80% 이하라며 수학여행을 취소한다고 했어. 이에 대해 기대했던 학생들의 불만도 제기되고 있어. 학생들에게는 학창 시절의 소중한 추억이니, 이 문제는 계속 논의해 보아야 해.

 좋아요　 따뜻해요　 화나요　 슬퍼요　 놀라워요　 오, 알겠어요

퀴즈
· 노란 버스 대신 전세 버스를 사용하게 하니 수학여행을 다시 가는 학교가 늘었다. (○, ×)
· 선생님들이 수학여행에 부담을 느끼는 까닭은 무엇인지 말해 봐.

미니 논술
수학여행은 수학(修 닦을 수, 學 배울 학), 즉 배움을 위해서 하는 여행이야.
수학여행, 찬성해 반대해?

\#　　　\#　　　\#

정답　×, 학부모의 불만 제기, 사고에 대한 부담.

수업 중 자는 학생, 깨울 수 있어

　수업 중에 엎드려 자는 학생을 깨울 수 있게 되었어. 학원 숙제를 하거나 수업과 관련 없는 행동을 하는 것, 선생님이 하라고 하는 것을 따르지 않는 것 등도 제지할 수 있어. 그리고 만약 학부모가 선생님 몰래 수업 내용을 녹음하면 교육청에 학부모를 조사해 달라고 요청할 수도 있어.

　교육청에서 이런 내용이 담긴 책자를 학교에 보냈어. 책자에는 수업 중에 스마트폰이나 노트북, 태블릿 PC 등을 사용하면 안 된다고 되어 있어. 스마트폰을 사용하려면 따로 허락받도록 했어. 수업 내용을 녹음하는 것도 못하게 했어. 만약 학생이 수업 내용을 다시 듣고 복습하기 위해 녹음하려면 선생님에게 미리 허락 받아야 해.

　사실 선생님이 학생을 이렇게 지도하는 것은 당연한 일인데 그전에는 그렇게 하지 못했어. 학생을 깨우거나 수업에 방해되는 행동을 못하게 하는 것을 인권 침해라고 해서 학생이나 학부모가 불만을 강하게 말했거든. 하지만 이로 인해 수업을 제대로 하기가 어려우니 반대로 교사들의 권리가 침해된 거지. 학생의 권리도 지키고, 교사의 권리도 지킬 수 있는 합리적인 방법을 찾도록 계속 보완해야 할 문제야.

  좋아요　 따뜻해요　 화나요　 슬퍼요　 놀라워요　 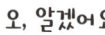 오, 알겠어요

 퀴즈
- 학생이나 학부모가 수업 내용을 녹음할 수 있다. (O, X)
- 위의 내용에 따르면 학교에 어떤 변화가 생겼어?

 미니 논술
수업 중 자는 학생을 깨우는 것, 수업 방해 행동을 못하게 하는 것은 인권 침해일까?

\#　　　\#　　　정답 X, 선생님이 자는 학생을 깨우거나 수업 방해 행동을 못하게 할 수 있다.

수능 수학 시험 안 보는 학생 늘어

    2024년 대학수학능력시험, 즉 수능에서 수학 시험을 본 학생이 이전에 비해 많이 줄었다고 해. 한국교육과정평가원에서 공개한 내용이야.

    대학에서 수시 모집으로 학생을 뽑는 학교가 늘어나고 있어서 그렇다고 분석하고 있어. 대학이 학생을 뽑는 방법 중에는 수시 모집과 정시 모집이 있어. 수시 모집은 대학별로 각각 모집 기간과 인원을 정해서 수능 시험이 아닌 다양한 방법으로 학생을 뽑는 방법이야. 정시 모집은 수시 모집 이후 정해진 기간에 신입생을 뽑는 건데 주로 수능 시험 성적으로 뽑아.

    보통 수시로 학생을 뽑는 경우 수능 시험에서 2과목 정도의 성적만 보곤 해. 그렇다 보니 학생들이 어려운 수학보다는 좀 더 수월한 사회나 영어를 보아서 그 기준을 맞추려고 하는 거지. 특히 수도권이 아닌 지역은 수시로 모집하는 비율이 약 88%가 되다 보니 이런 현상이 더욱 심화되는 거야.

    우리나라 학생들은 어릴 때부터 수학을 배우지만 워낙 어려운 과목이라 힘들어하는 경우가 많아. 그래서 심지어 수학을 포기했다는 뜻의 '수포자'라는 말까지 있지.

좋아요   따뜻해요   화나요   슬퍼요   놀라워요   오, 알겠어요

- 대학에서 학생을 뽑을 때 수능이 아닌 다양한 방법으로 뽑는 모집 형태는? (ㅅㅅ ㅁㅈ)
- 수시에 도전하는 학생들이 수학을 안 보려고 하는 까닭을 말해 봐.

- 대학에서 공부할 능력이 있는 학생을 뽑기 위해 꼭 평가해야 하는 것은 뭐라고 생각해?
- 수시 지원할 때 수학을 안 보아도 된다면 수학 공부를 꼭 해야 할까, 그렇지 않을까?

\#   \#   \#

정답 수시 모집, 어려운 수학을 선택하지 않기 때문.

교육대학 경쟁률 떨어지고 있다

　선생님이 되기 위해 가는 대학인 교육대학교와 초등교육과의 경쟁률이 떨어졌어. 저출산으로 아이들 수가 점점 적어지고 있기도 하고, 선생님의 권리를 무시당하는 일, 즉 교권 침해가 심해지면서 교육대학교에 가려는 사람이 줄어든 거지.

　전국의 교육대학교 10군데와 초등교육과 3군데 경쟁률을 보니, 전년도보다 낮아졌다고 해. 대학에 지원하는 사람 수가 줄어든 거야. 제주대학교의 초등교육과는 특히 더 낮아졌어. 이화여대 초등교육과와 진주교대, 춘천교대도 마찬가지야.

　이런 흐름으로 인해 2024학년도 대입 정시 모집에서 전국의 교육대학 합격자 중 13.1%가 등록을 하지 않았다고 해. 합격을 하고도 가지 않는 쪽을 택하는 경우가 많아지는 거지.

　지금은 해마다 2900~3200명 정도의 초등학교 선생님을 뽑아. 그런데 2028년에는 1800여 명으로 줄어든다고 해. 그럼 선생님이 되기 위해 보아야 하는 임용 시험의 경쟁률이 높아질테니 이 때문에 교육대학교나 초등교육과에 덜 가는 거라는 의견도 있어.

 좋아요　 따뜻해요　 화나요　 슬퍼요　 놀라워요　 오, 알겠어요

 **퀴즈**
- 선생님의 권리를 무시, 침해당하는 일을 뭐라고 해? (ㄱㄱ ㅊㅎ)
- 교육대학의 경쟁률이 떨어지는 까닭을 말해 봐.

 **미니 논술**
선생님이 되기 위해 필요한 능력이나 마음가짐은 무엇일까?

\#　　\#

정답 교권 침해, 교사의 권리가 점점 보호받지 못하기 때문.

교실에서 급식을 먹으면 식중독 위험 높아져

　교실에서 급식을 먹는 학교, 급식실에서 급식을 먹는 학교가 있어. 지금은 대부분 급식실에 가서 먹는데 서울, 경기의 경우 아직 교실에서 먹는 경우가 많아.

　급식을 교실로 가져오는 동안 세균이 들어갈 수 있고, 또 교실 책상 등은 세균이 있어서 식중독에 걸릴 위험이 있다고 해. 오래전에는 어느 학교에서 교실에 가져다 둔 급식에 학생 몇 명이 나쁜 물질을 타는 사건도 있었지.

　초등학교 급식은 1990년대 후반부터 시작되었어. 그전에는 도시락을 싸서 다녔지. 급식을 시작하면서 급식실을 새로 짓지 못해 교실에서 먹는 경우가 많았어. 지금도 급식실을 새로 지을 공간이 부족해서 교실에서 먹는 학교가 있지. 그런데 이제는 모두 급식실에서 먹어야 한다고 이야기하고 있어. 교실은 공부하고 수업하는 곳이기 때문에 식사하는 곳과 당연히 분리해야 한다고 하는 거야.

　그런데 어느 학교에서는 운동장의 3분의 1을 할애해서 급식실을 짓는다고 했다가 학부모들의 민원을 받기도 했어. 아이들이 신나게 뛰어놀아야 할 공간이 많이 줄어들기 때문이야. 모두가 만족스러운 방향으로 잘 해결되어야 할 문제지.

 좋아요　 따뜻해요　 화나요　 슬퍼요　 놀라워요　 오, 알겠어요

 **퀴즈**
- 급식을 교실에서 먹는 경우 식중독 위험이 높아지는 이유를 말해 봐.
- 급식실을 새로 지을 공간이 없어 교실에서 먹는 학교도 있다. (O, ×)

 **미니 논술**
- 밥을 먹는 급식실과 수업하는 교실은 꼭 분리해야 할까?
- 급식실 지을 공간이 없는 학교는 어떻게 해야 할까?

정답 가져오는 동안이나 교실 책상 등에서 세균이 들어갈 수 있기 때문, O

초등 의대반 열풍, 무엇이길래

　서울 몇몇 학원에서 초등 의대반을 만들어 아이들을 입학시키고 있어. 의대반은 의사가 되기 위해 가는 대학인 의과대학에 입학하기 위해 미리 공부하는 반이야. 아이를 이곳에 보낼 수 있는지 문의가 많다고 해. 초등학교 1학년부터 다닐 수 있는 학원도 있어.

　아이들이 레벨 테스트를 받은 후, 합격하면 다닐 수 있어. 국어, 영어, 수학 골고루 보는데, 중학생 수준의 공부를 한 친구들이 합격할 가능성이 높지. 서울의 학원 의대반에 들어가기 위해 먼 곳에서 오는 아이들도 있대.

　서울에서 시작된 의대반이 전국으로 퍼지고 있어. 전라도, 경상도까지 말이야. 학원비는 결코 평범하지 않아. 일주일에 1, 2번 하는 수업인데 40~50만 원 정도야. 의대반이라서 어려운 수학과 영어를 주로 배우지. 초등학생들에게 물어보면 5명 중 1명이 스스로 의대에 가고 싶다고 답했다고 해.

　이런 현상을 두고 어떤 어른들은 아이가 스스로 꿈을 찾아가지 못하고 너무 어릴 때부터 진로가 정해진다며 걱정하고 있어. 한편에서는 그저 선행을 좀 빨리 할 뿐, 별 것 아니라고 하고 있지.

좋아요　따뜻해요　화나요　슬퍼요　놀라워요　오, 알겠어요

- 서울에서 시작된 의대반 열풍이 전국으로 퍼지고 있다. (○, ×)
- 의대반은 어떤 반인지 말해 봐.

초등부터 의대 진학을 위해 의대반을 등록해 공부하는 것, 어떻게 생각해?

\#　　\#　　\#　　　　**정답** ○, 의과대학에 입학하기 위해 미리 공부하는 반

초등 1, 2학년 체육 시간 늘어난다

　교육부에서 초등 1, 2학년 수업 시간 중 체육 시간을 늘리기로 결정했어. 아이들이 마음껏 뛰고 놀게 하는 신체 활동 시간을 늘리려는 거야. 신체 발달은 저학년 학생에게 특히 중요하기 때문에, 어릴 때의 체육 수업은 다른 나라에서도 중요하게 생각한다고 해. 코로나19 이후 아이들의 체력이 부족하고 비만이 늘어나는 등의 문제가 생겨 더욱 이런 변화가 필요한 거지.

　우리나라는 1982년부터 초등 1, 2학년 수업에 체육을 따로 넣지 않았어. 음악, 미술 과목에 합쳐서 했었지. 그러다가 1989년부터는 체육, 음악, 미술이 '즐거운 생활'이라는 과목 안에 하나로 들어갔어. 선생님에 따라 체육보다 음악이나 미술을 더 많이 하게 되면 체육 시간은 그만큼 줄었던 거야.

　2022년 개정 교육과정에 따라 1, 2학년 2년 동안의 체육 시간은 144시간으로 늘어났어. 이전 교육과정의 80시간에 비해 많이 늘었지. 단계적으로 '즐거운 생활'의 신체 활동 영역을 별도의 '체육' 교과로 분리해 운영하는 방법도 검토한다고 해.

좋아요	따뜻해요	화나요	슬퍼요	놀라워요	오, 알겠어요

- 교육부에서 초등 1, 2학년 체육 시간을 늘리려는 이유를 말해 봐.
- 체육이 적었던 까닭은 음악, 미술과 합해 있어 자주 하지 않았기 때문이다. (O, ×)

- 신체 활동을 늘리기 위해 체육 시간을 늘리는 것 어떻게 생각해?
- 체육 시간은 전체 수업 시간의 어느 정도가 적당할까?

\#　　　　　\#

정답 아이들의 체력이 부족하고 비만이 늘어나고 있기 때문, O

보육 교사 전화번호, 물어보지 마세요

　서울시는 어린이집에서 일하는 보육 교사를 위한 대책을 발표했어. 보육 교사들의 권리를 보호하기 위해, 교사들의 개인 휴대폰 번호를 학부모에게 알려주지 않아도 된다는 내용이야. 전화 상담이나 방문 상담을 하기 위해서는 하루 전에 예약해야 해. 만약 일하는 시간 외의 상담이나 어린이집에 다니는 아이들과 관련된 상담이 아니라면 거절할 수 있어. 상담 중 학부모가 폭언하는 경우에는 중단할 수도 있어.

　2023년 이후 교사들의 권리에 관한 관심이 높아졌는데 그에 따라 어린이집 보육 교사들의 권리도 돌아보기 시작한 거지. 새 학기부터 서울의 모든 어린이집에서 시행되었고, 학부모들에게도 이 내용을 알리기로 했어.

　3년마다 전국 보육 실태 조사를 하는데, 조사 결과에 따르면 10명의 보육 교사 중 약 3명이 학부모로부터 아동 학대 의심을 받거나 권리를 침해당한 적이 있다고 해. 그중 대부분이 아무런 문제가 없다고 밝혀졌지. 이번 대책으로 교사들의 권리가 보호받을 수 있을지 관심이 모이고 있어.

| 좋아요 | 따뜻해요 | 화나요 | 슬퍼요 | 놀라워요 | 오, 알겠어요 |

퀴즈
· 보육 교사와 상담하려면 하루 전 예약해야 한다. (O, ×)
· 보육 교사의 개인 전화번호를 알려주지 않는 이유를 말해 봐.

미니 논술
보육 교사들도 초등교사처럼 권리 침해를 많이 당했다고 해. 이를 해결할 다른 방법은 무엇이 있을까?

정답　O, 보육 교사의 권리를 보호하기 위해서이다.

학교 폭력 조사, 경찰이 한다

　지금까지는 학교 폭력이 벌어지면 교사가 직접 조사했어야 했어. 하지만 이제 전직 경찰이 하게 되었지. '전직 경찰'은 지금은 아니지만 경찰을 직업으로 했던 이를 말해. 전직 경찰뿐 아니라 전직 교사 등, 학폭만 맡아 조사하는 조사관을 따로 둔다는 것이 이번 정책의 핵심이야. 2024년 3월 기준, 필요한 인원의 70% 정도가 뽑혔어. 아들이 학폭을 당해서 관련 일을 하다 지원한 사람, 전직 교장이나 교사 등 다양한 사람들이 지원을 했어. 교사로 일할 때 학폭 사건을 전담했던 이들은 학폭 사건 조사의 어려움을 알기에 발 벗고 나서기로 한 거야. 그런데 일의 무거움에 비해 보수가 적은 편이라, 거의 봉사 활동을 요구하는 것이 아닌지 우려하는 목소리도 있어.

　2022년도만 해도 한 해 6만 건이 넘는 학폭 신고가 들어왔다고 해. 그런데 이제 전직 경찰이 하게 되면 더 전문적으로 조사할 수 있고, 교사의 부담은 줄어들 거야. 그런데 이에 대해 부정적인 입장의 사람들도 있어. 평소 학생들 생활을 모르는 경찰이 잘 조사할 수 있을지, 아이들을 타이르고 서로 화해를 유도하는 방식은 아예 없어지고 무조건 법으로만 처리하게 되는 건 아닌지에 대해 염려하는 목소리가 있는 거지.

좋아요　따뜻해요　화나요　슬퍼요　놀라워요　오, 알겠어요

- 지금까지는 학폭 문제를 누가 조사했는지 말해 봐.
- 학교 폭력 문제는 현직 경찰이 맡을 예정이다. (O, ×)

학교 폭력 문제, 누가 조사해야 할까? 장단점을 모두 생각하고 답해 봐.

\#　　　\#　　　\#

정답 교사, ×

교육받을 곳 없는 시청각 장애인

　시각과 청각 장애를 동시에 갖고 있어, 보고 듣지 못하는 이를 '시청각 장애인'이라고 해. 그런데 장애 아동을 가르치는 특수학교에서도 시청각 장애 아이가 공부를 하긴 쉽지 않다고 해. 시청각 장애아만을 위한 학교는 원래 없었고, 이 아이들을 도와줄 수 있는 센터도 우리나라에 세 군데밖에 없어.

　우리나라의 시청각 장애인은 1만 명이 넘어. 이들은 보고 듣지 못하기 때문에 손을 활용해서 의사소통하는 법을 배워야 해. 촉감을 통한 인지 능력도 키워가야 하지. 그런데 이런 교육을 전문적으로 받을 곳이 거의 없는 거야. 그래서 큰 비용을 들여 멀리까지 배우러 다니기도 하지만, 너무 힘든 일이지. 결국 가족들이 교육을 맡아야 해.

　어릴 때 적절한 교육과 치료를 받아야 하는데, 그렇지 못하면 어른이 되어서 발달 장애가 생겨 다른 사람과의 의사소통이나 생활이 힘들 수 있어. 문제는 현재 법이 15개 장애의 형태를 지정해 놓았는데, 그중 시청각 장애는 아예 없어서 정확히 조사도 안 되고 지원도 어려운 거야. 이에 대해 대책을 마련해야 한다는 목소리가 커지고 있어.

 좋아요　 따뜻해요　 화나요　 슬퍼요　 놀라워요　 오, 알겠어요

- 시청각 장애인이 처한 현실은 어떻다고 해?
- 시청각 장애아만을 위한 학교가 없다. (○, ×)

기사 내용으로 보아, 시청각 장애 학생도 적절한 교육을 받을 수 있으려면 어떤 대책을 가장 빨리 마련해야 할까?

\#　　\#　　\#

정답　장애 특성에 맞게 교육 받을 곳이 없다, ○

디지털 기기로는 독해력 자라지 않아

　스마트폰, 노트북, 패드 등의 디지털 기기로 전자책을 읽으면 읽고 이해하는 힘이 자라지 않는다는 연구 결과가 나왔어. 종이책을 읽는 것보다 읽기 효과가 떨어진다는 거야. 종이책 읽기 효과가 전자책보다 무려 6~8배 크다고 해.

　디지털 기기로 글을 읽으면 글 사이의 광고 등으로 인해 집중력이 떨어지고 다른 것들로 주의를 빼앗기게 될 가능성이 높아. 독서 자체가 방해를 받는 거지. 게다가 온라인에서 만나는 글은 종이책보다 질이 높지 않을 가능성도 있어.

　이 연구를 한 스페인 연구팀은 어린이들이 종이책을 읽도록 교육해야 한다고 말해. 다른 나라들도 다시 종이책 읽기로 돌아가자는 움직임을 보이고 있어. 스웨덴의 경우 여섯 살이 되지 않은 어린이들은 디지털 기기를 활용한 교육을 할 수 없어. 프랑스는 학교에 스마트폰을 가지고 오지 못하게 해.

　반면 우리나라는 2025년부터 디지털 교과서를 단계적으로 도입하려는 계획을 하고 있어서 이것을 반대하는 목소리도 계속 나오고 있어. 디지털 환경을 예전으로 돌릴 수는 없지만, 반드시 고민해 보아야 해.

 좋아요　 따뜻해요　 화나요　 슬퍼요　 놀라워요　 오, 알겠어요

 **퀴즈**
- 스마트폰, 노트북, 패드 등을 이르는 말은? (ㄷㅈㅌ ㄱㄱ)
- 디지털 기기로 독서했을 때 독해력이 자라지 않는 이유를 한 가지만 말해 보자.

 **미니 논술**
- 디지털 기기와 종이책, 어떤 것을 더 좋아해?
- 초등학생은 디지털 기기와 종이책 중 무엇을 읽어야 할까?

정답 디지털 기기, 글 사이 광고로 집중력이 떨어진다.

학생 인권, 교권 두 가지 다 보장되려면?

 학교에서 어떤 일이 일어났을 때, 학생은 인권을, 교사는 교권을 침해당했다고 각각 주장하는 일이 많아지고 있어. 학생이 선생님께 어떤 문제로 지적받으면 학생은 학생 인권 침해라고 하고, 교사는 학생이 그에 수긍하지 않고 문제를 제기하는 것을 교권 침해라고 보는 거야.

 학생인권조례와 교사의 학생생활지도에 관한 내용이 서로 부딪치다 보니 생긴 일로 보여. 학생인권조례는 학생의 존엄함과 가치를 학교에서 보장해 줄 수 있도록 각 교육청에서 만든 거야. 그런데 교원(교사) 고시 해설서에는 학생이 선생님의 지도를 따르지 않고 교육 활동을 방해하면 교권보호위원회에 심의해 달라고 요청할 수 있어. 결국 두 가지는 계속 충돌할 수밖에 없지.

 하지만 두 가지는 대립하지 않는다는 의견이 많아. 학생 인권을 잘 보장받고 인권 교육도 잘 받은 학생은 교권을 존중하는 모습을 보이는 경우가 더 많다고 해. 인권에 대한 존중을 받아 본 경험이 다른 사람의 권리도 중요하다는 것을 알게 해주는 거지. 모두의 권리를 잘 보장할 방법을 생각할 때야.

좋아요	따뜻해요	화나요	슬퍼요	놀라워요	오, 알겠어요

• 학생의 존엄함과 가치를 학교에서 보장해 줄 수 있도록 만든 조례는? (ㅎㅅㅇㄱㅈㄹ)
• 현재 지침에 의하면 학생 인권, 교사 인권은 충돌할 수밖에 없다. (O, ×)

교사, 학생 모두의 권리와 존엄함이 보장되려면 가장 우선되어야 하는 것은 무엇일까?

\#   \#   \#

정답 학생인권조례, O

학령 인구 감소로 일어나는 변화들

초·중·고등학교나, 특정 교육 기관에 다닐 수 있는 연령에 해당하는 아동, 청소년의 총 인원수를 '학령 인구'라고 해. 보통 6세~21세지.

학교에 다닐 학령 인구가 줄어들다 보니 2024년 강원도에는 문을 닫는 학교가 여럿 생겼어. 학교가 문을 닫는 것을 '폐교'라고 하는데, 학생이 없어 폐교하는 거야.

당장 폐교가 아니더라도 6학년 3명만 다니고 있어 그 학생들이 졸업하면 자연스럽게 문을 닫게 되는 학교도 있어. 신입생이 없어서 몇 년 후에는 역시 폐교 위기에 처하는 학교도 많아.

그런가 하면 학생 수가 줄어 남녀공학이 되는 학교도 있어. 중·고등학교의 경우 남학생만 다니는 학교, 여학생만 다니는 학교가 있는데 학생 수가 줄어들다 보니 서로 합치는 거야. 특히 학생 수가 적은 농촌은 남녀 학생이 모두 다녀야만 어느 정도 학생 수를 유지할 수 있어 더욱 그렇게 되는 추세야. 그렇다 보니 여고, 남고와 같은 학교 이름도 당연히 바뀌게 되지. 이런 일들은 앞으로 계속될 거야. 폐교는 보통 시골 학교만 한다고 생각했는데 도시에서도 늘어날 거고.

좋아요 　따뜻해요 　화나요 　슬퍼요 　놀라워요 　오, 알겠어요

퀴즈
- 초·중·고, 교육 기관에 다니는 연령의 아동, 청소년의 총 인원수를 가리키는 말은? (ㅎㄹ ㅇㄱ)
- 학령 인구가 줄어들어 현재 지방에 생기고 있는 변화를 말해 봐.

미니 논술
- 학령 인구가 줄어들어 생기는 변화로 기사에 나오지 않는 것이 있다면 무엇일까?
- 학생이 없어 학교가 문을 닫으면 누가 가장 아쉬워할까?

\#　　　\#　　　\#

정답 학령 인구, 학교가 사라지거나 서로 합친다.

117 난이도 ★★ 사회 경제 교육 과학 환경 국제   월   일

우리나라 학생들, 행복할까?

우리나라는 어릴 때부터 공부를 많이 해서 학력 수준이 높은 편이야. 그런데 자기 삶이 행복하냐고 물으면 그렇지 않다는 대답이 많아.

경제협력개발기구(OECD)에서 국제 학업성취도평가(PISA)를 실시하고 있어. 2000년부터 3년에 한 번씩 하지. 이 평가는 읽기와 수학 등의 성취도를 전 세계적으로 알아보고 비교하기 위해 하는 거야.

평가 때 인생에 대한 만족도, 학교생활, 가정생활 등에 대해서도 알아보는데 우리나라 학생들이 OECD 국가의 전체 평균에 비해 낮게 나왔어.

반면 수학, 읽기, 과학 점수는 최상위권으로 나왔지. 학교에서 친구들과 잘 사귀고 소속감을 느낀다는 답도 OECD 평균보다 높았어. '아동·청소년 삶의 질 2022 보고서'에 따르면 우리나라 청소년들이 여가 활동으로 가장 많이 하는 것 1위는 학원과 과외 수업이라고 해. 그다음은 스마트폰 사용이었지.

많은 시간을 공부에 쏟고 잠깐의 휴식은 그저 스마트폰으로 하고 있는 거야. 이 문제에 대해 사회 전체가 고민해 보아야 해.

 좋아요   따뜻해요   화나요   슬퍼요   놀라워요   오, 알겠어요

- 읽기, 수학 등 성취도를 알아보기 위해 OECD에서 하는 평가는? (ㄱㅈ ㅎㅇㅅㅊㄷㅍㄱ)
- 국제학업성취도 평가에서 우리나라 학생들의 모든 점수가 낮게 나왔다. (O, ×)

- 우리나라의 많은 학생들이 행복하지 않다고 느끼는 까닭은 뭘까?
- 학생이 행복하려면 어떻게 해야 할까?

#   #   #

정답 국제 학업성취도평가, ×

학교 그만둔 학생 5만 명

여러 가지 사정으로 학교를 그만두는 학생이 5만 명을 넘었어. 코로나19 때보다 학업을 중단하는 학생이 더 많아졌다니 심각한 문제지. 교육부에서는 이런 학생을 찾아 이유를 찾고 도움을 주고 있어.

교육부와 한국장학재단이 서로 힘을 합쳐 학업을 중단할 위기에 있는 중학생, 고등학생을 뽑아 지원해 주는 거야. 10개월 동안 300만 원을 지원해 주고, 편안한 마음으로 학업에 집중할 수 있도록 여러 방면으로 돕고 있어. 학교에 오랫동안 오지 못한 학생은 직접 찾아가 이유를 알아보고 돕기도 해.

학교에 오지 못하는 이유는 여러 가지야. 만약 학교생활에 적응을 못해서 힘들어하면 따로 공부할 수 있는 방안도 마련하고 있어.

그런가 하면 스스로의 의지로 학교를 그만두는 학생도 있어. 학교에 다니는 것이 의미가 없기 때문이라는 대답이 많았어. 이런 경우 검정고시를 통해 학교를 졸업한 것과 같은 학력을 얻기 위해 노력하기도 해. 이들 중 대부분은 학교를 그만둔 것을 후회하지 않는다고 답했어.

좋아요	따뜻해요	화나요	슬퍼요	놀라워요	오, 알겠어요

- 학교에 오지 못하는 학생을 찾아 지원해 주기 위해 노력중이다. (○, ×)
- 학교에 오지 못하는 학생을 위해 나라에서 해 주는 지원은?

- 학업을 그만두는 학생은 누가, 어떻게 도와주어야 할까?
- 학교를 꼭 다녀야 한다면 이유는 뭘까?

\#   \#   \#

정답 ○, 돈 지원, 직접 찾아가서 이유 알아보기 등

SKY 합격자의 30%, 등록하지 않는다

우리나라 명문대라고 일컬어지는 세 학교가 있어. 바로 서울대학교, 고려대학교, 연세대학교야. 각 학교 영어 이름의 첫 글자를 따서 '스카이(SKY)'라고 부르지. 2024년 대학 입시 수시 모집에서 SKY에 합격한 학생 중 약 30%가 등록하지 않았어. 의과대학을 가기 위해 등록을 포기한 것이라고 분석돼.

서울대는 160명, 연세대는 784명, 고려대는 1143명이 합격하고도 등록을 하지 않았지. 서울대에 새로 생긴 첨단융합학부 학과에 합격 후 등록하지 않은 학생도 있어.

그런가 하면 의사가 되기 위해 선택하는 의예과 합격자 중에서는 등록을 하지 않은 사람이 없어. 의대 열풍 현상에 따라 자연스럽게 나타나는 현상이라고 분석하고 있어.

우리나라는 의대 열풍이 불어 초등학교 때부터 의사가 되기 위해 준비를 하는 일이 유행처럼 퍼지고 있어. 의대 준비를 위해 다니는 초등 전문 학원도 늘어나고 있고. 이에 대해 미래 직업 선택에 있어 다양성이 부족하다는 지적도 나오고 있지. 이런 의대 쏠림 현상은 나라의 균형 면에서도 좋지 않아. 나라 안에는 여러 직업군이 있는데, 한쪽으로 쏠리면 여러 분야가 골고루 발전하지 못하거든.

 좋아요　 따뜻해요　 화나요　 슬퍼요　 놀라워요　 오, 알겠어요

- 어릴 때부터 의대를 준비하는 일이 과도해진 현상은? (ㅇㄷ ㅇㅍ ㅎㅅ)
- 좋은 대학에 합격하고도 등록을 포기하는 이유로 짐작하고 있는 것은 무엇인지 말해 봐.

- 초등부터 준비한다는 의대 열풍 현상의 문제점은 뭘까?
- 직업을 택할 때 정말 중요하게 고려해야 하는 것은 뭘까?

#　　　#　　　#

정답 의대 열풍 현상, 의대에 가기 위해서이다.

교사가 학원 교재 만들어도 될까?

현재 학교에서 근무하는 선생님이 자신이 직접 낸 문제를 학원에 파는 일, 학원의 교재를 검토해 주는 일 등을 철저히 금지할 거라고 해. 만약 이를 어기면 최대 파면(어떤 잘못을 저질러 일을 그만두게 하는 것)까지 당할 수 있어.

법적으로 학원으로 분류된 곳에서 일을 할 수 없는 거야. 돈을 받지 않더라도 그 회사에서 강의를 하는 것, 문제를 출제해 주는 것 모두 할 수 없어. 한 번이라도 말이야.

학원이 아닌 곳 역시 마찬가지야. 출판사 등에서 동영상 강의를 만드는 것에 참여하는 것도 금지야. 성인을 대상으로 하는 학원에서 강의하는 것도 안 돼. 사교육을 유발하는 이유가 된다는 거지.

단, 검인정 교과서를 만드는 출판사의 참고서, 문제집을 만드는 일에 참여하는 것은 가능해. 그건 교과서 공부의 연장으로 학생들의 학습을 돕는 일이라고 보는 거지.

이전부터 교사가 문제를 만들어 사교육 업체에 팔면서 이득을 취하는 일은 계속 있었어. 사교육 회사와 관련해 돈을 버는 일을 했다고 스스로 신고한 교사만 해도 300명이 넘었지. 법이 강화된 만큼 이를 막아 공교육에 대한 신뢰를 높이려고 하고 있어.

좋아요	따뜻해요	화나요	슬퍼요	놀라워요	오, 알겠어요

- 학교 선생님에게 금지하고 있는 것은 무엇일까?
- 학교 선생님이 특정 학원 교재 만드는 것을 금지하고 있다. (O, ×)

학교 선생님이 학원 교재를 만드는 것을 금지하는 것에 대해 어떻게 생각해?

\#　　　\#　　　\#

정답 사교육 회사의 교재를 만드는데 참여하는 것, O

AI 디지털 교과서 시대가 곧 열린다

　AI 디지털 교과서 사용을 눈앞에 두고 있어. AI 디지털 교과서는 AI 기술로 아이들에게 다양한 학습 자료를 제공해 주는 교과서야. 2025년 초등학교 3~4학년, 중1, 고1 수업에서 먼저 사용하고 이후 다른 학년에도 적용될 거야.

　교육부에서는 AI 디지털 교과서가 학생들의 공부 수준에 따라 맞춤형 학습을 제공할 거라고 말하고 있어. 한마디로 개인별 선생님이 있는 것과 비슷하다는 거지. 이로 인해 사교육비도 줄어들 것으로 예상해.

　AI 디지털 교과서 덕에 여유가 생기면 교사들도 지식 전달이 아닌, 다른 일에도 집중할 수 있어. 학생의 마음도 돌보고, 협동심을 키워 주며 개개인의 역량을 강화해 줄 수 있지.

　그러나 반대하는 목소리도 적지 않아. 디지털 기기 자체가 집중도를 흐트러뜨리기 때문에 학습 효율이 떨어질 거라는 거야. 이미 몇몇 나라들이 디지털 교과서를 도입했다가 이러한 문제점들로 인해 다시 종이책으로 돌아가는 상황에서, 한국은 거꾸로 가고 있다는 지적도 있어.

좋아요　따뜻해요　화나요　슬퍼요　놀라워요　오, 알겠어요

- AI 디지털 교과서가 시작되면 교사 역할이 사라진다. (○, ×)
- AI 디지털 교과서로 기대되는 바를 뭐라고 말하고 있어?

AI 디지털 교과서에 대해 어떻게 생각해?

#　　　#　　　　　정답 X, 사교육비 절감, 학생별 맞춤 수업, 선생님 역할 변화 등

늘봄 교실이 많아진다

　방과후 학교와 돌봄 교실 역할을 모두 하는 것이 '늘봄 교실'이야. 원하는 초등학생은 늘봄교실을 활용할 수 있어. 맞벌이 부부의 부담을 줄여 주기 위해 저녁까지 학교에서 아이들을 돌보아 주는 거야. 초등 전일제 학교인 거지. 학교에서 아이들을 8시까지 봐 준다고 해.

　초등 돌봄 교실은 2004년부터 시작되었는데 오후 5시까지였어. 5시 이후에는 아이가 갈 곳이 없다 보니 맞벌이 부모들은 시간을 좀 늘려 달라고 했지. 그래서 시간을 늘림과 동시에 오전 7~9시의 아침 돌봄 또한 가능하게 하려고 해. 늘봄 교실로 인해 학교에서 하루 최대 13시간 동안 아이들을 돌보아 주게 된 거야.

　1학년은 매일 수업이 끝난 후 2시간 정도 에듀케어 수업을 받을 수 있어. 발달에 맞는 놀이나 체험 활동 등을 해서 적응을 돕는 거야.

　늘봄 공간 마련, 늘봄을 담당할 선생님 준비 등 챙겨야 할 것들도 많아. 한편에서는 아이들이 너무 많은 시간을 학교에서 보내게 되는 것은 정서적으로 좋지 않을 거라는 지적도 있어.

 좋아요   따뜻해요   화나요   슬퍼요   놀라워요   오, 알겠어요

 퀴즈
- 방과후 학교와 돌봄 교실의 역할을 하는 교실은? (ㄴㅂ ㄱㅅ)
- 아침 돌봄을 포함해 하루 동안 학교에서 머물 수 있는 시간은 모두 몇 시간이야?

 미니 논술
늘봄 교실의 장점과 단점은 무엇이 있을까?

\#　　　\#　　　\#

정답 늘봄 교실, 13시간

복제 양 돌리 만든 과학자, 세상 떠나

　복제 양 돌리를 만든 과학자 이언 윌멋이 79세 나이로 세상을 떠났어. 영국 에든버러 대학교에서 전한 소식이야. 영국 방송 BBC에서는 위대한 과학자가 떠났음을 슬퍼하며 알렸어.

　이언 윌멋 교수는 1996년 에든버러 대학교 연구소에서 키스 캠벨 교수와 함께 양을 복제하는 데 성공한 과학자야. 세계에서 처음으로 포유류, 즉 젖먹이 동물을 복제하는 데 성공했어. 복제는 똑같이 만들어 내는 것을 뜻하지. 그렇게 복제 양 돌리가 탄생했는데, 원래 양과 정말 똑같았다고 해.

　복제 양 돌리는 6년 정도 살다 세상을 떠났어. 나이가 들면서 병이 생겼거든. 그래서 편히 세상을 떠나게 하는 '안락사'라는 방법으로 영원히 잠들었어. 이언 윌멋 박사의 성공 이후 다른 동물들도 복제로 태어나기도 했어. 박사의 기술은 꼭 필요한 동물을 복제하는 데에 큰 도움이 되었지.

　그런데 한편에서는 이렇게 사람의 힘으로 생명체를 똑같이 복제하는 것이 옳은지도 늘 의견이 오가고 있어.

좋아요	따뜻해요	화나요	슬퍼요	놀라워요	오, 알겠어요

 **퀴즈**
- 과학자 이언 윌멋의 업적은 뭐야?
- 이언 박사가 복제한 양 돌리는 오래 살다 자연사했다. (O, ×)

 **미니 논술**
과학 기술의 힘으로 동물을 복제하는 것, 어떻게 생각해?

\#　　　\#　　　\#

정답 세계 최초로 포유류 복제에 성공했다, ×

2억 5000만 년 후 인류 멸종할 수도

영국의 브리스톨 대학 연구팀에서 인류가 지구상에 더 이상 살기 힘들어지는 시기를 예측해서 발표했어. 바로 2억 5000만 년 후쯤이야. 지금의 6개 대륙이 나중에는 서로 부딪쳐서 하나가 될 거라고 해. 그걸 '초대륙'이라고 하지. 지구의 대륙은 원래 맨 처음에는 하나였지만 자연적으로 나뉘어서 지금의 모습이 되었는데, 다시 합쳐질 거라는 거야.

초대륙이 되면 온도가 섭씨 40도를 넘어가고, 최고 70도까지 높아질 수 있다고 해. 그럼 사람과 같은 포유류는 살 수가 없지. 포유류는 너무 추우면 털로 몸을 보호하거나 겨울잠을 자며 추위를 견딜 수 있어. 하지만 더위는 이겨낼 수 없지.

대륙이 서로 합쳐질 때는 이산화탄소도 많이 나올 거라고 해. 지금의 두 배 정도로 많아질 거야. 태양 에너지도 많아지게 되는데 이 모든 것이 지구상에서 포유류가 살 수 없는 조건이지.

지구의 아주 일부 지역에서는 생명이 살 수 있을지도 모른다고 해. 하지만 더위도 잘 살 수 있는 냉혈 파충류만 남아 있지 않을까 예상하고 있어.

 좋아요   따뜻해요   화나요   슬퍼요   놀라워요   오, 알겠어요

 **퀴즈**
- 지구상에 있는 대륙이 나중에 부딪쳐 하나가 되는 것은? (ㅊㄷㄹ)
- 초대륙이 되면 인류가 멸종하는 이유를 말해 봐.

 **미니 논술**
지구에서 만약 인류가 멸망한다면, 그건 자연 현상일까, 인재(사람으로 인해 생기는 재해)일까?

정답 초대륙, 온도가 40도를 넘어가고, 이산화탄소가 많아지기 때문.

우리나라 과학자, 이그노벨상 받아

　스마트 변기를 발명한 스탠퍼드 의과 대학교의 박승민 박사가 이그노벨상을 받았어. 이그노벨상은 진짜 노벨상은 아니고, 재미있고 재치 있는 연구, 그러나 의미가 있는 연구를 한 사람에게 주는 상이야.

　스마트 변기는 변기에 앉아 있는 사람의 항문 모양으로 어떤 사람인지 인식하고, 그 사람이 배설한 소변과 대변의 성분을 분석해서 병이 있는지 알아내는 변기야. 소변과 대변의 색깔이나 양을 보고 암이 있는지도 알아낼 수 있대. 센서로 0.5초에 한 번씩 기록한다고 해.

　박승민 박사는 2021년 우주에도 스마트 변기가 필요하다는 논문을 발표했어. 우주에서는 사람의 뼈와 근육이 손상될 수 있기 때문에 이 변기로 건강 상태를 점검해야 한다는 거지.

　상금은 트로피, 그리고 10조 짐바브웨 달러야. 이 지폐는 사실 크게 가치가 있지는 않지만, 기발한 연구로 상을 받았다는 것이 중요한 거지. 이그노벨상을 받은 후 성과를 인정받아 실제 노벨상을 받은 사람도 있어. 이러한 노력과 창의성이 세상을 바꾸는 데 기여한다는 점에서 박수받을 만한 일이야.

좋아요　따뜻해요　화나요　슬퍼요　놀라워요　오, 알겠어요

- 재미있고 재치 있는 연구, 그러나 의미가 있는 연구자에게 주는 상은? (ㅇㄱㄴㅂㅅ)
- 스마트 변기의 장점을 말해 봐.

- 박승민 박사가 개발한 스마트 변기가 꼭 필요한 곳이 있다면 어디일까?
- 이런 것을 개발하는 과학자 정신이 우리에게 필요하다면 그 까닭은 뭘까?

\#　　\#　　\#

정답 이그노벨상, 배설물로 병을 알아낼 수 있다.

미국의 자율 주행 택시, 사고 잇따라

미국 샌프란시스코에는 24시간 자율 주행 택시가 다니고 있어. '로보 택시'라고 하지. 그런데 최근에 사고가 몇 번 일어났어. 긴급 출동하던 소방차와 부딪친 사고 때문에 손님이 다쳤다고 해. 또 택시가 손님을 태운 후 움직이지 않아서 도로가 막히는 일도 있었대.

그래서 원래 400대이던 것을 200대로 줄인다고 해. 낮에 50대, 밤에 150대 이렇게 다니게 할 거래. 이 자율 주행 택시를 운영하는 회사는 크루즈인데, 2020년부터 운행을 시작했어. 처음에는 무료였고 지금은 돈을 받고 있지.

자율 주행 택시는 운전하는 사람이 없기 때문에 위험하다는 의견이 아직 있어. 하지만 자율 주행 차를 만들거나 찬성하는 사람들은 오히려 사람이 운전하는 것보다 안전하다고 말해. 미국에서 통계를 내 보니 사람이 운전하는 경우 속도를 빨리 내서 사고가 난 경우가 상당히 많다고 해. 오히려 자율 주행 차가 더 안전할 거라는 거지.

미국의 또 다른 무인 택시 웨이모에 불이 나는 사건이 있었어. 자율 주행 택시에 대한 거부감이 큰 사람들이 일으킨 사건으로 보고 있어. 사고가 잦은 자율 주행 택시, 앞으로 어떻게 될지 지켜보아야 할 문제야.

 좋아요   따뜻해요   화나요   슬퍼요   놀라워요   오, 알겠어요

 **퀴즈**
- 운전자나 승객의 조작 없이 스스로 운행하는 차는? (ㅈㅇ ㅈㅎ ㅊ)
- 속도가 빨라 사고가 잦은 건 자율 주행 차다. (O, X)

 **미니 논술**
- 우리나라에 자율 주행 택시가 다닌다면 어떨까? 찬성해, 반대해?
- 자율 주행 차가 필요한 곳이 있다면 어느 분야일까?

\#   \#   \#

정답 자율 주행 차, X

챗GPT가 듣고 말한다고?

챗GPT는 2022년 말 오픈AI 회사에서 만든 채팅하며 대화할 수 있는 인공지능이야. 물어보는 것마다 척척 답을 해 주는 챗GPT가 이제는 듣고 말하기 시작했어. 챗GPT와 채팅뿐만 아니라 실제로 대화를 나눌 수 있게 된 거야.

우리가 말하면 챗GPT는 글로 보여 주고, 글을 입력하면 소리로 들려주지. 휴대폰 앱에서 음성 대화에 가입한 다음 5가지 음성 중 선택해서 대화할 수 있어. 전문 성우와 음성을 만들었다고 해. 그림도 그려 줄 수 있는데, 돈을 내고 사용하는 사람들에게 서비스하는 기능이야.

한편에서는 '딥페이크' 범죄가 늘어날 수 있다고 걱정하고 있어. 딥페이크는 인공지능을 활용해서 얼굴이나 신체 일부 사진을 다른 사진하고 합치는 것을 말해. 그런데 목소리도 가짜로 만들 수 있으면 범죄가 늘어날 수 있다는 거지.

한편 프랑스의 미스트랄AI가 미국의 거대 AI 개발업체 오픈AI와 구글에 도전장을 내밀었어. 구글 AI부서에서 일하던 멘슈라는 사람이 친구 두 명과 만든 기업이야. 영어 중심인 챗GPT와 달리 여러 언어를 사용할 줄 아는 것에 개발의 초점을 맞추었다고 해.

 좋아요   따뜻해요   화나요   슬퍼요   놀라워요   오, 알겠어요

 **퀴즈**
- 인공지능을 활용해서 얼굴이나 신체 일부를 다른 사진하고 합치는 것은? (ㄷㅍㅇㅋ)
- 챗GPT에게 듣기 말하기 기능이 생겼다. (O, ×)

 **미니 논술**
챗GPT가 듣고 말하는 기능을 갖게 되면 생길 수 있는 또 다른 문제가 있을까?

\#   \#   \#

정답 딥페이크, O

AI도 윤리가 있어야 해

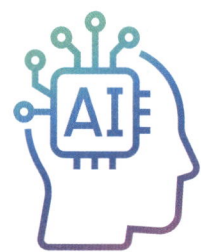

AI는 지금 우리 생활에 깊숙이 들어와 있어. 병원, 교육, 법, 교통 등 없는 곳이 없지. 그런데 이런 AI가 판단을 잘못하면 큰일이 날 수 있어. 예를 들어서 병원의 AI가 사람을 잘못 고칠 수도 있고 가르치는 AI가 인종을 차별하는 말을 할 수도 있지. 또 법정의 AI 판사가 법을 잘못 판결(옳고 그름을 판단하는 것)할 수도 있어.

세계 여러 나라들이 AI가 윤리적일 수 있도록 기준을 정하고 있어. 유엔교육과학문화기구(유네스코)에서 회의를 열어 이에 관해 이야기했지.

AI를 만드는 회사들의 노력도 필요해. 개발하는 사람, 연구하는 사람들이 윤리 원칙을 잘 세워서 지키도록 만들어야 하고, 글로 써서 널리 알려야 해. 또한 사용하는 사람들도 AI가 완벽하지 않다는 것을 이해해서 만약 문제가 있다면 회사에 이야기해야 해. 잘못된 것이 있다면 인간이 잘 살펴보면서 고쳐 나가도록 해야지.

AI가 인간의 통제를 벗어나면 예상치 못한 재앙이 일어날 수 있는 만큼 AI 윤리뿐 아니라 전반적인 것을 돌아보아야 할 때야.

좋아요　따뜻해요　화나요　슬퍼요　놀라워요　오, 알겠어요

 퀴즈
- AI도 사람처럼 윤리가 있어야 하는 까닭이 뭔지 말해 봐.
- AI를 만드는 회사들이 기술 개발만큼 윤리에 대해 생각해야 한다. (○, ×)

 미니 논술
- 만약 AI가 잘못을 저지르면 그 책임은 누구에게 있을까?
- AI가 판결을 정당하게 할 수 있을까?

\#　　\#

정답 AI가 인간이 하는 많은 일을 대신 하고 있기 때문이다, ○

외계 생명체, 곧 발견될까?

　지구와 우주의 모든 것을 연구하는 학자들이 몇 년 안에 지구와 떨어진 곳에 사는 생명체를 발견할 수 있다고 했어. 과학자들은 이 넓은 우주에서 인간만이 생각하고 판단하는 능력이 있을 거라고 생각했어. 그래도 늘 다른 외계 생명체가 있지는 않을까 관심을 두고 있었지.

　얼마 전에 실제로 지구와 정말 멀리 떨어진 행성에서 생명체가 있을 때만 느껴지는 신호가 있었대. 이것이 무엇인지 1년 안에 밝혀질 거라고 해. 그 행성을 학자들은 '골디락스 행성'이라고 불러. 골디락스는 표면이 뜨겁지도 차갑지도 않은 것을 말해. 영국 전래동화 '골디락스와 곰 세 마리'에 나오는 소녀 골디락스가, 곰 세 마리가 끓여 주는 수프 중 뜨겁지도 않고 차갑지도 않은 가장 적당한 온도의 수프를 마신다는 내용에서 따왔어.

　생명이 살려면 물이 있어야 하는데 골디락스 행성은 그 조건에 맞는 곳이야. 만약 그 행성에서 생명체가 발견되지 않으면 다른 행성도 연구할 거야. 목성과 그 주변을 중심으로 연구를 계속 하고 있지.

좋아요　따뜻해요　화나요　슬퍼요　놀라워요　오, 알겠어요

 **퀴즈**
- 표면이 뜨겁지도 차갑지도 않아서 생명이 살 수 있는 조건이 있는 행성은? (ㄱㄷㄹㅅ)
- 다른 행성에 외계 생명체가 있음이 과학적으로 밝혀졌다. (O, ×)

 **미니 논술**
- 생명체가 살 수 있는 다른 행성이 있다면 가서 살 거야?
- 인간은 왜 생명체가 살 수 있는 조건의 행성을 계속 찾으려고 할까?

\#　　\#　　\#

정답 골디락스, ×

일론 머스크, 인간 뇌에 칩 심는 실험

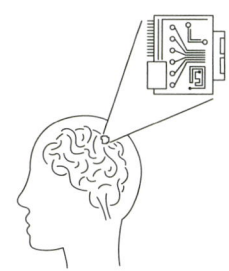

테슬라의 대표인 일론 머스크가 인간의 뇌에 컴퓨터 칩을 심는 일을 진행하고 있어. 칩을 넣어 뇌와 컴퓨터를 연결하고, 뇌에 생기는 여러 병을 치료하려는 거야.

이미 동물 실험을 많이 했고, 뇌에 칩을 심은 유인원(사람을 포함해 사람과 연관 있는 동물을 합쳐 부르는 말)이 생각만으로 컴퓨터 조작에 성공했다고 해. 그런데 실험 동물 중 상당수는 목숨을 잃거나 마비가 오는 등 심한 부작용을 겪었어. 2018년 이후 실험으로 인해 죽은 동물이 약 1500마리라고 해.

이제는 임상 실험(약의 안전함, 효과 있음, 부작용 등을 알아보기 위해 미리 시험해 보는 것)을 하려고 미국 식품의약청(FDA)에 요청했는데 허가가 났다고 해. 그래서 참가할 사람을 모집하고 있어. 이 실험으로 몸을 움직이지 못하는 환자가 생각만으로도 컴퓨터를 작동할 수 있는지 알아볼 거야.

더 나아가 뇌에 칩을 심으면 자신의 감정을 자신이 선택할 수도 있고, 우울증 같은 정신 문제도 치료할 수 있다며 일론 머스크 측은 밝히고 있어. 그러나 실험의 안전성 문제가 논란이 되고 있기 때문에 계속 지켜보아야 해.

좋아요 따뜻해요 화나요 슬퍼요 놀라워요 오, 알겠어요

 **퀴즈**
- 약이 안전한지 미리 시험해 보는 것은? (ㅇㅅ ㅅㅎ)
- 뇌에 칩을 심은 실험 동물에게 아직까지 부작용은 없다. (○, ×)

 **미니 논술** 인간의 뇌에 칩을 심어 감정을 선택하게 하는 것, 어떻게 생각해?

\#   \#   \#

정답 임상 실험, ×

하루 22분 산책만으로도 건강에 도움

하루 종일 앉아만 있는 사람도 하루 22분 정도 산책하면 건강이 나빠질 위험이 줄어든다고 해. 노르웨이 북극대 연구팀에서 발표한 내용이야.

이것을 밝히기 위해 1만 명이 넘는 50살 이상의 성인을 대상으로 연구했어. 하루 10시간 미만 앉아 있는 사람, 10시간 이상 앉아 있는 사람을 5년간 관찰했지. 12시간 이상 앉아 있는 사람은 사망 위험이 크다고 해. 그런데 그중 하루 22분 정도 움직이는 사람은 그 위험이 좀 낮아져.

오래 앉아 있으면 심장에 좋지 않고 순환기(몸 전체에 피를 돌게 하는 것과 관련된 신체 기관)에 관련된 병에 걸릴 위험이 커진다는 것은 이전에도 잘 알려져 있던 사실이야. 몸의 전체적인 대사 기능이 떨어져서 노화도 빨리 온다고 해. 공부나 업무 또한 집중력이 떨어져서 중간중간 일어나 움직여 주어야 해.

산책은 체중을 조절해 주기도 하고 마음도 건강하게 해 주는 것이니, 너무 오래 앉아 있는 사람이라면 신경 써서 해 보아도 좋겠지. 너무 무리하지 않고 하루 22분 산책으로 건강을 챙겨야 할 때야.

좋아요 따뜻해요 화나요 슬퍼요 놀라워요 오, 알겠어요

· 하루 12시간 앉아 있는 일이라면 하루 22분 정도 움직이는 것이 좋다. (○, ×)
· 산책의 장점을 말해 봐.

하루 22분 산책을 꾸준히 할 수 있는 방법은 뭘까?

\#   \#   \#

정답 ○, 체중 조절, 마음 건강, 질병 예방 등에 좋다.

쥐도 상상력이 있다?

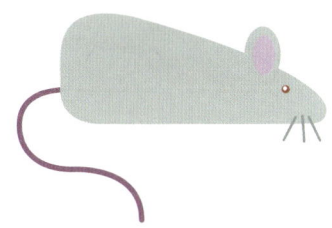

 상상은 말 그대로 눈앞에 놓여 있지 않은 것을 떠올리는 것을 말해. 보통 사람만 할 수 있는 일이라고 생각하지. 그런데 실험을 통해 쥐도 상상할 수 있다는 결과가 나왔어.
 상상력은 살아가는 데 많은 도움이 돼. 내가 전에 경험했던 장소를 다시 떠올리는 것도 상상력 덕분에 할 수 있는 일이야. 우리 뇌에 '해마'라는 곳이 있는데, 학습과 기억을 맡는 이곳이 상상력도 담당해. 만약 해마에 문제가 생기면 기억에도 문제가 생겨.
 실험에서는 쥐의 뇌에 장치를 달아서 관찰했어. 쥐를 VR(가상현실) 공간에 두고, 가상의 먹이를 향해 움직이면 보상을 얻는 것처럼 느끼게 해서 해마를 관찰했지. 그 후에는 직접 달려가는 것이 아니라 생각만으로 움직이게 해 보았는데, 뇌의 활동만으로도 쥐가 목표에 도달한 거야. 특정한 장소에 물건을 옮기는 것도 상상할 수 있었어.
 사람이 과거에 있었던 일을 떠올리거나 미래 일을 상상하는 몇 초의 시간 동안, 쥐도 해마 활동을 조절할 수 있다는 결과는 매우 놀라워. 인간만이 할 수 있다고 믿었던 상상을 동물이 할 수 있다면 이를 활용해 앞으로 또 다른 연구도 할 수 있지.

좋아요	따뜻해요	화나요	슬퍼요	놀라워요	오, 알겠어요

· 우리 뇌 중 학습과 기억을 담당하는 곳은 어디일까? (ㅎㅁ)
· 실험을 통해 쥐가 상상할 수 있다는 것을 밝혀냈다. (O, ×)

인간만이 가능하다고 믿었던 것들 중 동물들도 가능한 것이 있다는 게 밝혀지고 있어. 네가 아는 동물의 능력은 뭐가 있어?

\#   \#   \#

정답 해마, O

무인 소방기가 하늘을 난다

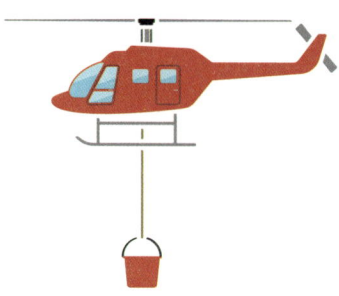

불이 났을 때 하늘에서 소화액을 뿌려서 불을 끌 수 있는 무인 항공기가 만들어졌어. 중국 오토플라이트가 개발한 거야. 최대 200㎞로 날면서 엄청난 면적의 불을 끌 수 있다고 해. 소방차보다 훨씬 빠르게 갈 수 있어서, 불이 났다는 소식을 들으면 멀리까지도 날아가서 불을 끌 수 있어. 또한 불을 끄기 위한 소화수나 소화액을 담은 용기를 최대 4개나 옮길 수 있어. 이는 커다란 테니스장 3곳의 불을 끌 수 있는 양이야. 허공에서 뿌려서 끄는 방식이지.

이전에도 불을 끄는 무인기가 있기는 했는데 성능 면에서 이번에 개발된 것보다는 부족했어. 게다가 이번 무인기는 아주 작은 공간만 있으면 뜨고 내릴 수가 있고, 전기 배터리를 사용해 사람이 직접 운전하는 항공기보다 비용도 적게 든다고 해.

이 무인기가 있으면 소방관의 위험이 줄어들고 불을 빨리 끌 수 있어. 소방관이 가기 힘든 산 등에서 불이 나면 더욱 유용하게 쓰일 수 있어. 이 무인기를 실제로 사용할 수 있도록 하는 인증이 끝나면 활약을 기대해 볼 수 있을 거야.

좋아요	따뜻해요	화나요	슬퍼요	놀라워요	오, 알겠어요

- 중국 오토플라이트가 개발한 무인 소방기의 장점을 말해 봐.
- 중국 오토플라이트가 개발한 무인 소방기는 세계 최초다. (○, ×)

사람이 하기 위험한 일을 대신할 수 있는 또 다른 기계가 생긴다면 어떤 것이면 좋을까?

정답 가기 힘든 산의 불을 끄고 소방관의 위험을 줄일 수 있다, ×

| 사회 | 경제 | 교육 | 과학 | 환경 | 국제 |

많이 자기보다 잘 자자!

보통 우리는 7~8시간 정도 잠을 자야 피로가 풀리고 건강에 좋다는 것을 상식으로 여기고 있어. 그런데 꼭 7~8시간을 자야 하는 건 아니라는 의견이 나왔어. 시간보다는 몇 시에 잠이 드는지, 몇 시에 깨어나는지가 더 중요하다는 거야.

사람의 수면에 관해 약 10년간 연구했는데 잠들기 가장 좋은 시간을 '수면 타이밍'이라고 해. 잠에서 깨어나서 하루를 보내다 보면 피로도가 계속 증가하는데, 이것이 어느 정도 넘어가면 잠을 자야 하는 거지.

사람의 생체 주기를 살펴보면, 수면에 영향을 주는 멜라토닌이 보통 아침 7시 30분이면 나오지 않아. 오전 10시는 집중이 가장 잘 되는 시간이야.

주로 하루 중 언제 활동을 많이 하는지에 따라 몇 시에 자고 몇 시에 일어나야 가장 상쾌하게 하루를 지내고 집중력 있게 생활할 수 있는지 알 수 있지. 따라서 그 시간을 찾는 것이 중요해.

너무 많이 자는 것도 건강에는 좋지 않아. 매일 9시간 이상을 자면 오히려 피곤하고, 활기를 잃을 수 있어. 움직이는 시간이 줄기 때문에 면역력도 떨어지지.

 좋아요   따뜻해요   화나요   슬퍼요   놀라워요   오, 알겠어요

 **퀴즈**
· 잠들기 가장 좋은 시간은? (ㅅㅁ ㅌㅇㅁ)
· 7~8시간 자는 것보다 중요한 것은 무엇인지 말해 봐.

 **미니 논술**   너의 수면 타이밍은 몇 시부터 몇 시라고 생각해? 이유는 뭐야?

\#   \#   \#   **정답** 수면 타이밍, 수면 타이밍을 찾아 수면을 하는 것

AI가 자폐를 일찍 진단한다

　2살에서 4살 사이의 아동이 자폐인지 아닌지 판단할 수 있는 AI 기술이 개발되었어. 자폐는 신경 발달에 어려움이 있는 장애야. 사람들과 소통하는 데 어려움을 느끼고 반복적인 행동을 하는 등의 모습을 보여.

　자폐아의 뇌는 신경 연결망에 문제가 있어. AI가 뇌 신경을 관찰해서 문제를 찾아내는 거야. 다른 사람과 소통하는 능력, 반복적으로 하는 행동 등과 관련이 있는 신경을 찾아낸다고 해. 뇌의 특징을 찾아낸 후에는 비장애 아이의 뇌와 비교해 보면서 분석을 해.

　실제로 태어난 지 24~48개월, 즉 2살에서 4살 사이의 아이를 대상으로 연구해서 자폐 아이와 정상 아이를 분류해 냈다고 해. 정확도는 98% 이상이야.

　미국 질병 통제 예방 센터(CDC)는 3살 이전에 자폐 진단을 받는 경우가 반도 안 된다는 조사 결과를 발표했어. 8살이 될 때까지 공식적으로 진단을 못 받는 경우도 있지. 지금까지는 의사가 비교적 주관적으로 자폐를 진단하는 경우가 많았어. 연구진은 이 기술이 얼른 사용되기를 바라고 있어.

좋아요　따뜻해요　화나요　슬퍼요　놀라워요　오, 알겠어요

 퀴즈
- 자폐를 진단할 수 있는 AI 기술은 자폐와 관련이 될 수 있는 신경을 찾아낸다. (○, ×)
- 이 기술이 얼른 널리 사용되길 바라는 까닭이 뭐야?

 미니 논술
- 자폐를 일찍 발견해야 하는 이유는 뭘까?
- AI가 의료 쪽에서 꼭 해야 하는 일이 있다면 뭘까?

\#　　\#　　\#　　　정답 ○, 현재 진단은 주관적일 수 있기 때문이다.

토성의 위성, 타이탄 탐사 늦춰져

 토성은 태양에서 여섯째로 가까운 행성이야. 태양계의 행성 가운데 둘째로 큰 행성으로, 둘레에 큰 고리 같은 아름다운 테가 있어. 타이탄은 토성의 가장 큰 위성(행성의 둘레를 도는 천체, 태양계에는 160개가 넘는 위성이 있음.)이야. 태양계에서는 두 번째로 큰 위성이고, 태양계 위성 중 유일하게 짙은 대기를 가지고 있어. 그래서 타이탄을 연구하면 생명이 어떻게 처음 시작되었는지 알 수 있을 거라고 기대하고 있어.

 그동안 타이탄 탐사(알려지지 않은 사물이나 사실을 샅샅이 더듬어 조사하는 것)가 준비되고 있었어. 미국 항공우주국(NASA)에서 만든 무인 드론기 '드래곤플라이'가 맡은 임무였는데 본래 2027년으로 계획되어 있었지. 그런데 2034년으로 미루어진 거야. 비용 문제로 늦추어졌다고 해.

 드래곤플라이는 타이탄에 착륙해서 유기 물질이 포함된 것으로 알려진 지역을 집중적으로 조사할 거라고 해. 그리고 표면에 있는 샘플을 가져와 생명이 처음 어떻게 시작되었는지에 대해 연구할 계획이야.

 좋아요   따뜻해요   화나요   슬퍼요   놀라워요   오, 알겠어요

 퀴즈
- 생명이 어떻게 처음 시작되었는지 알 수 있을 거라 기대되는 토성의 위성은? (ㅌㅇㅌ)
- 타이탄을 연구하기 위해 어떻게 할 예정인지 말해 봐.

 미니 논술
인류가 생명의 시작을 연구하고 알고 싶어하는 까닭은 무엇일까?

정답 타이탄, 드론을 발사해서 표면의 샘플을 가져온다.

일제 강점기에 사라진 '바둑이' 복원

삽살개의 한 종류인 '바둑이'라는 개가 있어. 예전 우리나라에서 많이 살았던 개야. 털이 짧고 몸의 무늬가 바둑판처럼 생겨서 바둑이라고 불러. 자주 볼 수 있는 강아지라 사람들에게도 참 친숙하지. 조선 후기 민화에 등장할 정도였다고 해. 가장 유명한 바둑이 민화는 조선 영조 시대 때 궁에서 그림을 그린 화가 김두량의 그림이야.

이런 바둑이가 일제 시대에 사라졌어. 1910년~1945년까지 우리나라는 일본의 지배 아래에 살았는데, 그때 일본 사람들이 바둑이를 잡아갔어. 전쟁 시에 가죽이 많이 필요하다는 이유였지. 무려 150만 마리 이상을 잡아갔다고 해. 그래서 우리나라는 바둑이를 1992년 천연기념물 제368호로 지정하기도 했어.

그런데 우리의 소중한 강아지, 바둑이가 다시 태어난 거야. 한국삽살개재단에서는 바둑이를 복제하기 위해 애썼고, 그렇게 2023년까지 50마리 이상이 복제되었어. 바둑이가 복원된 것은 우리가 일제라는 어려운 시기를 이겨내고 다시 일어선 것과도 같은 느낌을 주기도 해. 누리꾼들은 다시 복원된 만큼 바둑이가 잘 자라기를 바란다며 응원의 말을 보냈어.

 좋아요   따뜻해요   화나요   슬퍼요   놀라워요   오, 알겠어요

- 바둑이가 일제 시대에 사라졌던 까닭을 말해 봐.
- 2023년 50마리 이상의 바둑이가 복제되었다. (○, ×)

이미 사라진 바둑이를 복제한 이유는 무엇일까? 복제의 의미는?

\#   \#   \#

정답: 일제가 가죽이 필요하다며 잡아갔다, ○

| 사회 | 경제 | 교육 | 과학 | 환경 | 국제 |

달걀 단백질을 최대한 섭취하려면?

달걀을 완전히 익혀 먹어야 달걀에 있는 단백질이 몸에 잘 흡수된다고 해. 우리 몸에 '트립신'이라는 단백질 분해 효소가 있는데, 달걀 안에 트립신이 작용하는 것을 방해하는 물질이 있대. 이 물질을 없애려면 완전히 익혀야 한다는 거야. 달걀을 완전히 익혀 먹으면 단백질의 91%가 흡수되고, 날것으로 먹으면 52%가 흡수돼.

익히지 않고 먹으면 살모넬라균에 감염될 위험도 있어. 살모넬라균이 몸에 들어오면 18~36시간의 잠복기를 거친 후 배가 아프고, 설사하거나 토를 하는 등의 증상을 일으켜. 그런데 이 균은 75℃ 이상에서 가열하면 사라지는 거라. 특히 영유아, 노인, 임산부는 익혀 먹는 것이 좋아. 또 달걀 껍데기를 깔 때 살모넬라균이 손에 묻어 있을 수 있으니, 달걀을 만지면 손도 깨끗이 씻는 것이 좋아.

달걀은 현대인에게 매우 친숙한 식품이야. 프라이부터 달걀말이, 찜 등 다양한 방식으로 요리를 해 먹기도 하고, 여러 요리를 만들 때 보조 재료가 되기도 해. 건강에 좋은 조리법을 택하는 것은 중요한 일이지.

 좋아요   따뜻해요   화나요   슬퍼요   놀라워요   오, 알겠어요

- 우리 몸에 있는 단백질을 분해하는 효소는? (ㅌㄹㅅ)
- 달걀을 익히지 않고 먹었을 때의 문제를 말해 봐.

단백질을 섭취할 수 있는 또 다른 음식을 찾아서 말해 봐.

\#   \#   \#

정답 트립신, 살모넬라균에 감염될 수 있다.

| 사회 | 경제 | 교육 | 과학 | 환경 | 국제 |

고양이, 너도?

고양이에게도 사교성이 있다고 해. 사교성은 다른 사람과 사귀고 싶어 하는 마음, 사회에 속하고 싶어 하는 마음이나 성격, 특성 같은 거야.

우리는 흔히 고양이가 혼자만 놀고 사람과 잘 관계를 맺지 않는다고 알고 있어. 그런데 살펴보면 물건 가져오기 놀이를 하는 고양이가 많아. 사람이 원하는 물건을 가져다주는 고양이들도 꽤 있다고 해.

이는 고양이 주인들을 대상으로 한 연구 결과야. 배우지 않아도 어릴 때부터 스스로 물건 가져오기 놀이를 즐기기도 하고, 또 자신만의 규칙도 있다고 해. 이런 놀이로 사람과 고양이는 서로 친하게 지내며 관계가 좋아져.

반려동물을 키우는 사람이 늘어나면서 고양이를 키우는 사람들도 많아. 가족처럼 같이 지내는 고양이를 '반려묘'라고 하지. 강아지처럼 애교가 많고 사람과 소통을 잘하는 고양이를 '개냥이'라고 부르는 사람들도 있어. 고양이가 사람과 점점 가까워지고 있는 만큼, 성격과 특성에 대한 이해가 있다면 같이 더 잘 지낼 수 있을거야.

 좋아요   따뜻해요   화나요   슬퍼요   놀라워요   오, 알겠어요

 퀴즈
- 다른 사람과 사귀고 싶어하는 마음, 사회에 속하고 싶어하는 마음이나 성격은? (ㅅㄱㅅ)
- 고양이가 사교성이 있다고 판단되는 근거를 한 가지만 말해 봐.

 미니 논술
인간과 동물이 서로 가깝게 지낼 때의 좋은 점은 뭘까?

\#   \#   \#

정답 사교성, 사람이 원하는 물건을 가져다준다.

일찍 일어나는 사람, 유전자가 달라

네안데르탈인이라는 인류가 있었어. 지금은 사라진 예전 인류인데, 그 인류의 유전자가 있는 사람은 아침 일찍 하루를 시작하는 '아침형 인간'일 가능성이 크다고 해. 자연의 밤낮 시간에 잘 적응하는 사람을 아침형 인간이라고 하는데, 네안데르탈인이 그랬던 거야.

우리 인류 호모사피엔스는 아프리카에서 처음 시작되었어. 호모사피엔스 중 일부가 약 7만 년 전 유럽과 아시아로 갔는데, 그곳에 네안데르탈인과 데니소바인이 살고 있었다고 해. 이들과 자연스럽게 같이 살게 되면서 혼혈도 생겼을 거야. 네안데르탈인과 데니소바인이 살던 곳은 계절별로 해가 뜨고 지는 시간이 차이가 많이 났어. 자연에 적응하기 위해 노력하다 보니 이들은 시간에 민감해졌을 거야.

물론 과학적 연구 결과가 늘 그렇듯, 단지 그 이유 때문만은 아닐 거라는 의견도 있어. 생활 습관이나 환경 또한 영향을 주는 요인일 수 있지. 또한 이 연구는 영국 사람들의 DNA에 국한되어 있기도 해. 더 다양한 사람을 대상으로 연구해 봐야 해.

한편 아침형 인간이라는 말은 2003년 일본의 한 작가가 아침형 인간에 대한 책을 내면서 퍼지기 시작했어.

좋아요	따뜻해요	화나요	슬퍼요	놀라워요	오, 알겠어요

 **퀴즈**
- 아침에 일찍 일어나 하루를 시작하는 인간형은? (ㅇㅊㅎ ㅇㄱ)
- 아침형 인간에게 네안데르탈인 유전자가 있을 거라고 추측하는 까닭은?

 **미니 논술**
아침형 인간으로 사는 것은 하루하루를 잘 보내는데 도움이 될까?

\#   \#

정답 아침형 인간, 네안데르탈인이 밤낮 시간에 잘 적응했기 때문.

기네스북 달리기 신기록 세운 로봇개

한국과학기술원인 카이스트에서 만든 로봇개 하운드가 100m를 19.87초로 달렸어. 네 발로 걷는 로봇개 중에서는 가장 빠른 속도야. 로봇개 하운드는 발을 가볍게 만들었다고 해. 그래야 빨리 달릴 수 있으니까.

하운드는 몸무게가 45kg이야. 달리기도 잘하고 높은 장애물도 뛰어넘을 수 있어. 기울어진 길도 걸을 수 있고 러닝머신도 탈 수 있는데, 여기에서도 빠르다고 해.

하운드는 출발하기, 뛰기, 멈추기 훈련을 했어. 두 발로 걷는 로봇 캐시의 기네스 기록이 24.73초인데, 그보다 하운드가 더 빨라서 새로운 기록을 남기게 되었어. 러닝머신 기록 또한 23.4km로 역시 기네스 기록에 올리기 위해 신청해 두었어.

그런가 하면 최근 한 대형 쇼핑몰에는 다른 로봇개를 시범적으로 투입했어. 안전을 위해 순찰을 하는 로봇개야. 쇼핑몰 곳곳을 돌아다니며 가스 누출이나 온도 이상은 없는지 살피는 일을 해. 쇼핑몰이 문을 닫은 후에는 낯선 사람이 들어오지는 않는지 감지해서 문제가 있으면 직원에게 알림을 보내도록 되어 있어.

앞으로 우리 생활 속에서 로봇개가 어떤 역할을 하게 될지 관심이 모이고 있어.

좋아요	따뜻해요	화나요	슬퍼요	놀라워요	오, 알겠어요

- 로봇개 하운드가 빨리 달릴 수 있는 하나의 이유는?
- 로봇개 하운드의 러닝머신 기록은 느리다. (○, ×)

빨리 달리는 로봇개가 우리 일상에서 할 수 있는 일은 뭘까?

\#　　　　\#　　　　\#

정답 발이 가볍기 때문이다, ×

담배 피우면 뇌가 쪼그라들어

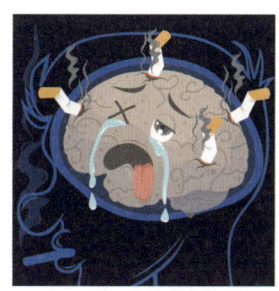

담배를 계속 피우면 나이가 들어 생기기 쉬운 알츠하이머병에 걸릴 수 있어. 알츠하이머는 기억력이 나빠지고 점차 언어 기능, 판단력을 잃게 되는 병이야. 미국의 한 연구진에 의하면 담배를 자주 피울수록 뇌의 용량이 작아진다고 해. 지금까지는 담배가 폐나 심장에 주는 피해에만 집중했는데 이번에는 알츠하이머와의 관계를 알아본 거야.

담배가 얼마나 유해한지는 사실 이미 많이 알려져 있어. 온갖 암을 일으키는데, 남성, 여성 모두 담배로 인해 암에 걸리는 일이 많아. 구강암, 췌장암, 폐암 등이야. 게다가 담배의 성분인 니코틴은 말초혈관을 좁아지게 해서 혈압을 높여. 콜레스테롤을 증가시켜 동맥경화증을 더 심하게 하기도 해.

다른 사회와 비교했을 때 고령(나이가 많은) 인구가 많아지는 것을 '고령화', 그런 사회를 '고령화 사회'라고 해. 세계 전반적으로 고령화가 심해지는 만큼 건강 문제도 무시할 수 없어. 담배를 피우는 건 개인이 선택하고 조절할 수 있는 문제니, 생각해 보아야 해.

만약 조절할 수 없다면 전문가의 도움을 받아야 해. 담배는 연기로 다른 사람에게도 해를 끼칠 수 있는 것이기 때문에 힘들더라도 노력해 보려는 자세가 필요해.

좋아요 따뜻해요 화나요 슬퍼요 놀라워요 오, 알겠어요

퀴즈
- 기억력 문제로 시작해 점차 언어 기능, 판단력 등을 잃게 되는 병은? (ㅇㅊㅎㅇㅁ)
- 담배를 피우면 뇌의 용량이 커지고 이것이 알츠하이머로 연결된다. (O, ×)

미니 논술
- 알츠하이머를 예방하기 위한 생활 습관은 무엇일까?
- 고령화 사회가 되어 알츠하이머 환자가 많아지면 나라에서 해야 하는 일은 뭘까?

정답 알츠하이머, ×

침팬지도 얼굴을 알아본다

　사람들은 오래전 만난 사람의 얼굴도 기억해. 오랫동안 못 본 친구나 아는 사람을 다시 보면 반갑잖아. 그런데, 침팬지나 보노보 같은 유인원도 오래전 본 다른 동물의 얼굴을 기억한다고 해.

　같은 동물원에 있다가 서로 떨어져 보지 못하게 된 경우, 헤어진 동물 사진을 보여 주는 방식으로 실험을 했어. 눈 추적 장치로, 어느 사진에 오랫동안 시선이 머물러 있는지 보는 거지. 아는 동물 사진이 있으면 오래 볼 거라는 가정하에 진행한 실험이야.

　실험해 보니 동물들도 친하게 지냈던 동물 사진을 오래 보았어. 심지어 26년 이상 보지 못한 가족을 알아본 보노보도 있었어. 사람은 최대 48년 간 얼굴을 기억하는데, 유인원은 26년 이상 기억할 수 있는 거지. 이 사실로 보아 유인원과 사람이 아주 오래전 같은 뿌리에서 나오진 않았나 추측해 볼 수 있어. 인간이 유인원의 서식지(사는 곳)를 함부로 파괴해서 무리를 흩어지게 하는 것에 대해서도 생각해 보아야 해.

　유인원은 대체로 지능이 우수해. 앞발이 발달해서 도구를 잘 사용하고 표정도 지을 수 있어. 몸짓언어로 대화하는 거지.

좋아요　따뜻해요　화나요　슬퍼요　놀라워요　오, 알겠어요

 퀴즈
- 침팬지가 아는 침팬지를 알아본다고 이야기할 수 있는 근거를 말해 봐.
- 이 실험으로 유인원과 사람이 오래전 같은 뿌리에서 나왔을 거라 추측할 수 있다. (O, ×)

 미니 논술
인간이 유인원의 서식지를 파괴하는 것이 유인원에게 주는 영향은 무엇일까?

\#　　\#　　\#　　　　　정답 친하게 지냈던 동물 사진은 오래 본다, O

'맵찔이'라고 눈치를 준다면

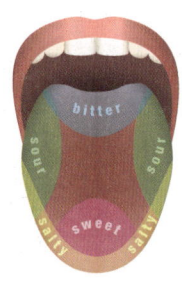

어느 직장인이 회사에서 음식 때문에 힘든 일을 겪고는 다니고 싶지 않다는 이야기를 전했어. 점심시간에 직원들과 마라탕을 먹고는 다들 괜찮았는데 자신만 탈이 났다는 거야. 평소에 매운 것을 잘 못 먹는데, 동료들과 친해지고자 같이 마라탕을 먹으러 갔다가 이런 일이 벌어진 거지. 문제는 동료들이 유난 떤다면서 눈치를 주었다는 거야.

매운 것을 못 먹는 사람을 요즘 신조어로 '맵찔이'라고 하지. 그런데 영국 어느 연구팀에서 사람마다 매운 것을 느끼는 정도가 다를 수밖에 없다고 이야기했어. 사람의 혀에는 수많은 돌기가 있는데 그 돌기의 배열이 사람마다 다르다는 거야. 손가락의 지문이 사람마다 다른 것처럼 말이야. 돌기의 배열을 통해 혀의 주인, 성별, 나이 등도 어느 정도 맞힐 수 있다고 해.

매운 것을 잘 먹는 것에 자부심을 느끼는 '맵부심'이라는 말도 있어. SNS를 통해 자신이 얼마나 매운 것을 잘 먹는지 보여주는 사람도 많아. 하지만 이렇게 각자 다르니, 자신에게 맞는 음식을 먹는 것이 중요해.

좋아요 따뜻해요 화나요 슬퍼요 놀라워요 오, 알겠어요

- '맵다'와 '찌질이'를 합쳐서 만든 신조어로, 매운맛에 약한 사람을 칭하는 신조어는? (ㅁㅉㅇ)
- 사람마다 매운 것을 느끼는 정도가 다른 까닭을 말해 봐.

- 사람마다 선호하는 음식이 다를 수 밖에 없다면 직장에서 어떤 예절이 필요할까?
- 내가 좋아하지 않아도 주변인이 대체로 원하는 음식이라면 먹어야 할까?

정답 맵찔이, 맛을 느끼는 혀의 돌기가 사람마다 다르기 때문.

우주 쓰레기, 태우는 것이 답일까?

우주에 떠다니는 쓰레기를 '우주 쓰레기'라고 해. 인간이 우주에 띄워 지구 궤도를 돌고 있는 여러 가지 물체 중 아무 쓸모가 없는 것이 우주 쓰레기지. 로켓에서 분리된 물체, 수명이 다 끝난 인공위성 등이 있어. 우주 쓰레기는 서로 부딪혀 새로운 쓰레기가 되기도 하는데 이런 현상을 '브레이크 업'이라고 해.

이 우주 쓰레기는 인공위성의 전파를 방해하기도 하고 인공위성에 직접 피해를 입히기도 해. GPS 위성하고 부딪히면 자동차, 휴대폰도 제대로 작동할 수 없으니 큰 문제야. 크기가 10cm 이상인 우주 쓰레기는 위성을 파괴할 수도 있지.

그래서 전부터 해결 방법에 대해 많은 이야기를 했어. 쓰레기를 지구 대기권으로 끌어내려서 태우는 것이 좋은 방법이라고 알려졌는데, 최근에는 이 방식으로 하면 지구가 오염될 수 있다는 문제가 새롭게 나왔어.

이제 우주 쓰레기 문제는 전 세계가 관심을 가져야 한다는 의견이 많아. 법을 만들어 각 나라도 책임질 것이 있다면 져야 해.

좋아요 따뜻해요 화나요 슬퍼요 놀라워요 오, 알겠어요

· 우주 쓰레기가 서로 부딪혀 새로운 쓰레기가 만들어지는 현상은? (ㅂㄹㅇㅋ ㅇ)
· 우주 쓰레기는 어떤 점에서 문제가 되는지 말해 봐.

우주 쓰레기를 해결할 수 있는 방법을 찾아서 말해 봐.

\#   \#   \#   브레이크 업, 인공위성 전파 방해, 직접 피해 등

올해의 인물로 뽑힌 챗GPT

  '네이처'는 세계에서 가장 오래되고 신뢰받는 영국의 과학 학술지야. 뛰어난 논문을 싣고 있지. 이 네이처에서 2023년 과학계를 빛낸 인물 10명을 뽑았어. 그런데 사람이 아닌 챗GPT도 뽑혔다고 해. 인공지능이지만 인간의 언어를 사용하며 과학 발전에 공을 세웠다는 거지. 2023년 뉴스를 지배하고 과학계 전반에 영향을 미쳤다는 평가도 받았어.

  챗GPT는 '오픈 AI'라는 회사에서 만든 생성형 AI야. 다양한 분야의 지식을 습득해 사용자가 질문하면 바로 대답해 줘. 시나 소설 등 창작도 가능하고, 그림도 그릴 수 있어. 듣고 말하는 유료 기능까지 추가되어서 많은 이들이 업무나 학습에 도움받고 있어.

  그 외 과학 여러 분야에서 공을 세운 사람들도 있어. 인도 우주연구기구의 박사는 '찬드라얀 3호'라는 탐사선으로 성공적인 달 착륙을 이끌어 네이처에 실렸어. 기후 변화 문제에 힘쓴 브라질의 환경부 장관도 선정되었어. 나무를 보호하는 정책을 펼쳤거든. 그 외 수컷 쥐 2마리 세포에서 새끼 쥐를 낳는 데 성공한 일본의 발달생물학 박사, 핵 관련 공로를 세운 미국의 물리학자 등도 이름을 올렸어.

| 좋아요 | 따뜻해요 | 화나요 | 슬퍼요 | 놀라워요 | 오, 알겠어요 |

 퀴즈
- 세계에서 가장 오래되고 신뢰받는 영국의 과학 학술지는? (ㄴㅇㅊ)
- 챗GPT가 과학계를 빛낸 인물로 뽑힌 것은 두 번째 일이다. (O, ×)

 미니 논술
챗GPT가 과학계를 빛낸 인물로 뽑히는 것, 찬성해 반대해?

#   #   #

정답 네이처, ×

햄 많이 먹으면 당뇨병 걸릴 수 있다

　농산물, 수산물 등에 통조림, 저온 살균 등의 가공을 한 식품을 '가공식품'이라고 해. 가공식품에 맛이나 향, 화학 첨가물 등을 더 첨가하면 그건 '초가공식품'이지. 햄이나 소시지, 탄산음료, 아이스크림, 과자, 라면 등이야.

　이 초가공식품을 많이 먹을수록 당뇨병에 걸릴 위험이 높아진다는 연구 결과가 나왔어. 특히 햄이나 소시지가 큰 영향을 주었어. 햄이나 소시지를 1%를 더 먹으면 당뇨병에 걸릴 확률이 40% 높아져. 무려 15년을 추적 관찰한 결과야. 당뇨병뿐 아니라 비만, 심장병, 조기 사망 등과도 관련이 있어. 인체에 염증을 일으키기도 하고, 인체의 미생물 생태계에 전반적으로 영향을 주기 때문이야. 그 다음으로 아이스크림, 라면, 탄산음료 순으로 위험도가 높다고 나왔어.

　다만, 사탕과 초콜릿은 먹을수록 오히려 당뇨병 발생 확률을 낮춘다고 하는데, 어떤 이유에서인지는 더 연구해 보아야 할 거야. 당뇨병은 다른 질병으로도 이어지기 쉽기 때문에 초가공식품을 자주 먹는 사람은 식습관 전체를 돌아보고 건강을 위해 줄여 나가야 해.

좋아요	따뜻해요	화나요	슬퍼요	놀라워요	오, 알겠어요

- 가공식품에 맛이나 향, 화학첨가제 등을 더 첨가한 식품은? (ㅊㄱㄱㅅㅍ)
- 햄이나 소시지보다 사탕, 초콜릿이 당뇨병 걸릴 확률을 높인다. (O, X)

- 초가공식품을 줄이려면 어떤 식습관을 가지는 것이 좋을까?
- 네가 좋아하는 음식 중 건강을 위해 줄여야 한다고 생각하는 것은?

\#　　　\#　　　\#

정답 초가공식품, X

임신 중 스트레스, 아이의 ADHD 확률 높여

주의력 결핍 과잉 행동 장애를 'ADHD'라고 해. 엄마가 임신 중에 심한 스트레스를 받았을 경우 아이가 ADHD 또는 적대적 반항 장애(ODD), 품행 장애(CD)를 진단받을 확률이 크다고 해. 아동기 초기(2~5세), 중기(6~12세), 사춘기(13~18세)에 주로 나타나고, 특히 아동기 초기에 가장 많이 나타나. 성별은 상관없이 나타난다는 특징이 있어.

ADHD는 주의 집중력이 떨어지고 산만한 것이 특징이야. 충동도 잘 조절하지 못하지. ODD는 어른들에게 반항적 모습을 보이는 특성이 있고, CD는 품행이 좋지 않아 사회적으로 옳지 않은 행동을 하곤 해.

엄마 배 속에 있는 태아 때 엄마의 스트레스를 전달받으면, 그것이 태아의 뇌 발달에 영향을 준대. 그리고 태어난 이후에도 뇌 발달에 영향을 받아서 스트레스 조절 능력, 행동 조절 능력에 문제가 생길 수 있는 거지.

ADHD로 인한 증상은 치료하지 않으면 일상생활에서 계속 어려움을 겪을 수 있어. 그리고 성인이 되어서까지도 계속되기 때문에 아동기에 적절한 치료를 받는 것이 좋아.

좋아요 따뜻해요 화나요 슬퍼요 놀라워요 오, 알겠어요

 퀴즈
- 임신 중인 엄마가 스트레스를 받으면 좋지 않은 까닭을 말해 봐.
- 임신 중 스트레스를 받으면 태아의 뇌 발달에 영향을 준다. (○, ×)

 미니 논술
ADHD, ODD, CD를 잘 치료하려면 우리 사회가 어떤 노력을 해야 할까?

\# \# \#

정답: 아이의 ADHD, ODD, CD 가능성이 커진다, ○

사람들은 고양이와 개, 누구를 더 좋아할까?

　고양이와 개를 키우는 사람들을 조사한 결과, 고양이보다는 개에게 느끼는 애착이 더 크다는 결론이 나왔어. 영국, 오스트리아, 덴마크, 세 나라에서 조사했는데, 모두 개에 대한 관심과 애정이 더 컸어. 아플 때 쓰는 치료비도 고양이보다 개에게 더 많이 들인다고 해.

　다만 나라별로 차이는 있어. 인간이 동물과 가까이 지낸 시간이 길수록 고양이와 개에게 느끼는 애착 정도가 크게 차이가 나지 않았다고 해. 영국이 바로 그래. 영국은 도시화가 빨리 시작되어서 사람하고 반려동물이 집에서 같이 보낸 시간이 길어.

　세 나라 중 개에 느끼는 애착 정도 차이가 가장 큰 나라는 덴마크였어. 덴마크는 도시화가 늦어서 개는 목장에서 일하며 사람과 가까이 지냈고 고양이는 그렇지 않았다고 해. 자연스럽게 개에게 느끼는 애착이 더 커진 거지.

　우리나라는 현재 약 4분의 1 이상의 가정에서 반려동물을 키우는 것으로 알려져 있어. 고양이와 개를 함께 키우는 가구도 많지. 그런 경우 이렇게 두 동물에게 느끼는 애착 정도가 다르다는 것을 기억해서 각각 어떻게 대해야 할지 생각해 보아야 해.

좋아요	따뜻해요	화나요	슬퍼요	놀라워요	오, 알겠어요

· 고양이와 개에 느끼는 애착 정도는 인간이 동물과 가까이 지낸 시간과는 상관없다. (O, ×)
· 덴마크가 개에게 느끼는 애착이 큰 까닭을 말해 봐.

애착 정도가 다른 고양이와 개를 같이 키우는 경우라면, 두 동물에게 인간이 어떻게 해야 옳을까?

#　　　　#

정답　×, 도시화가 늦어 개는 목장에서 사람과 가까웠기 때문.

죽은 척하는 암컷 개구리, 그 이유는?

　수컷과 짝짓기를 하기 싫은 암컷 개구리는 짝짓기할 때 죽은 척한다고 해. 수컷 개구리와 암컷 개구리를 상자에 넣고 관찰했는데, 약 33%의 암컷 개구리가 죽은 듯한 행동을 했어. 그 외에도 몸을 돌리거나 울음 소리를 내기도 했지.

　특히 몸집이 작은 암컷(어린 암컷)이 이런 모습을 더 자주 보였어. 죽은 것처럼 있는 것은 아마도 스트레스가 심해서일 거라고 연구 팀이 말했지.

　결론적으로 꽤 많은 암컷이 짝짓기 상황을 피하고 싶어한다는 거야. 그런데 몸을 회전시키는 것은 수컷을 피하기 위해서가 아니라 수컷의 지구력(어떤 일을 오랫동안 버티며 하는 힘)을 확인하려는 것이라는 해석도 있어. 만약 그렇다면, 지구력을 인정받은 수컷 개구리가 암컷을 차지하게 되는 거지.

　이런 암컷의 행동에도 불구하고 짝짓기에 성공하는 수컷은 그만큼 힘이 있고 지구력이 강하다는 뜻이 될 거야. 이 연구는 더 많은 개구리를 대상으로 실험해 보아야 정확한 결과를 알 수 있겠지만, 암컷 개구리의 행동에 대해 새로운 점을 발견했다는 데 의미가 있어.

좋아요　따뜻해요　화나요　슬퍼요　놀라워요　오, 알겠어요

 **퀴즈**
· 암컷 개구리가 짝짓기할 때 죽은 척하는 건 스트레스 때문일 거라고 짐작하고 있다. (O, ×)
· 개구리가 짝짓기하며 몸을 회전시키는 것은 어떤 이유 때문일 거라고 하는지 말해 봐.

 **미니 논술**
암컷 개구리가 수컷 개구리의 지구력을 실험해 보려는 까닭은 뭘까?

\#　　　\#　　　\#

정답 O, 지구력을 확인하기 위해서이다.

앵무새도 찍먹한다고?

오스트리아 연구 팀에서 앵무새 먹이 실험을 했어. 앵무새에게 바삭한 빵 조각, 말린 과일 조각, 씨앗, 새 모이를 주고 어떻게 먹는지 관찰했더니, 횟수는 다르지만 먹이를 물에 찍어 먹었대.

호주 앵무새 18마리가 실험 대상이었어. 18마리 중 7마리가 실험하는 동안 최소한 한 번 이상 음식을 물에 찍어 먹었어. 빵 조각을 가장 오래 찍어 먹었는데 부드러워질 때까지 기다린 것으로 보여. 그에 비해 말린 과일 조각은 가끔만 살짝 찍어 먹는 것으로 보아 과일은 바삭한 것을 더 좋아하는 것 같았어.

결국 앵무새도 사람처럼 식감을 중요하게 여긴다는 사실이 밝혀진 거야. 이전에는 한 번도 밝혀지지 않은 과학적 사실이지. 특히 식감을 조절한다는 건, 충동을 조절할 수 있는 능력이 있다는 증거가 될 수도 있어. 더 맛있게 먹기 위해 음식을 바로 먹지 않고 물에 찍으면서 기다리는 거니까.

앵무새는 단단하고 굵은 부리가 특징이야. 머리가 좋고 사람의 말을 잘 따라 해. 주로 열대 지방에 살고 깃털 색상도 무척 다양하지.

 좋아요   따뜻해요   화나요   슬퍼요   놀라워요   오, 알겠어요

- 앵무새가 사람처럼 식감을 조절한다면 그로 인해 알 수 있는 사실은 뭔지 말해 봐.
- 앵무새는 모든 음식을 찍먹한다. (O, ×)

인간에게도 충동을 조절하는 능력이 필요한데, 이유는 뭘까?

\#　　　\#　　　\#

정답 충동을 조절할 수 있는 능력이 있다, ×

5 환경

- 곤충이 사라지면 커피도 사라져
- 나무늘보가 죽고 있다니!
- 사라지는 식량, 이것 때문이다
- 플라스틱 빨대, 계속 사용해도 되나?

6 국제

- 투발루는 호주가 고마워
- 세계에서 가장 평화로운 나라는?
- 북한 사람들도 스마트폰 게임을 할까?
- 미국에 '김치의 날'이 있다

어린이 용품 자발적 리콜제

　어린이들이 사용하는 용품에 환경 유해 물질(사람이나 환경에 해를 끼칠 수 있는 물질)이 기준 이상으로 포함되어 있거나, 제대로 표시하지 않은 제품이 있어. 그런 제품을 판매자 스스로 거두어들이는 법 개정안(고쳐서 바로 잡은 것)이 의결(의논하여 결정됨)되었어. 스스로 제품을 거두어들이면 처벌을 덜 받거나 피할 수 있다는 내용도 담겨 있지.

　13살 미만의 어린이들이 사용하는 물건들을 모두 어린이 용품이라고 하는데, 이 어린이 용품에 들어가면 안 되는 해로운 물질은 총 4가지야. 몇 해 전 조사에서는 유해 물질이 기준보다 몇 백 배가 넘는 줄넘기가 발견되어 '리콜' 명령이 내려진 적도 있지.

　'리콜(Recall)'은 판매된 물건에 문제가 있어서 소비자에게 해를 끼치거나 해를 끼칠 염려가 되는 것을 사업자 스스로, 또는 명령에 따라 다시 거두어들이는 것, 환불해 주는 것, 아예 폐기 처분하는 것을 뜻하는 말이야. 상품에 문제가 있다는 것을 알리고 소비자를 보호하기 위한 장치인 거지.

  좋아요　 따뜻해요　 화나요　 슬퍼요　 놀라워요　 오, 알겠어요

- 판매된 물건에 문제가 있어 거두어들여 폐기, 교환, 환불 등을 해 주는 것을 뭐라고 해? (ㄹㅋ)
- 자발적 리콜을 해도 처벌은 면하기 어렵다. (○, ×)

환경 유해 물질이 있는 상품을 판매한 사람이 자발적 리콜을 하면 처벌을 줄이거나 피하게 해 주는 것, 어떻게 생각해?

\#　　\#　　\#

정답 리콜, ×

서울 거리, 쓰레기통 늘어난다

서울의 쓰레기통을 2025년까지 7500개로 늘릴 거라고 해. 1995년 지정된 쓰레기 봉투를 구입해서 쓰레기를 버리도록 한 '쓰레기 종량제'를 시작하고 나서, 거리의 쓰레기통을 줄여왔지. 그런데 쓰레기통이 부족해 불편하다고 하는 사람들이 많아서 점차 늘리기로 했어.

우선 오가는 사람들이 많은 곳부터 늘릴 거야. 아무래도 유동 인구(이리저리 옮겨 다니는 사람들 수)가 많은 곳에 쓰레기가 더 많을 테니까. 그리고 버스 정류장 근처에도 쓰레기통을 놓을 거야. 사람들이 버스에 타기 전 먹던 음료를 그냥 버리고 가는 일이 많거든.

쓰레기통 하나를 놓는데 30~40만 원 정도 필요해. 서울에서는 쓰레기통 디자인도 새롭게 하려고 하고 있어. 담배꽁초 버리는 통도 같이 둘까 의논 중이야.

사실 이렇게 모두 다 함께 쓰는 공용 쓰레기통 설치에 대해 한동안 말이 많았어. 쓰레기통이 있으면 도로가 더 지저분해질 거라는, 깨진 유리창 이론(깨진 유리창을 그대로 두면 주변에서 범죄가 더 늘어난다는 범죄학 이론)을 주장하는 사람들도 있었어. 하지만 사람들이 거리에 쓰레기를 두고 가니 결국 다시 쓰레기통을 설치하기로 한 거지.

좋아요	따뜻해요	화나요	슬퍼요	놀라워요	오, 알겠어요

- 쓰레기 봉투를 사서 쓰레기를 넣어 버리게 하는 제도는? (ㅆㄹㄱ ㅈㄹㅈ)
- 서울 거리에 쓰레기통을 늘리려는 까닭은 뭐야?

- 거리에 쓰레기통을 늘리면 좋은 점과 안 좋은 점은 무엇일까?
- 거리에 쓰레기통은 있어야 할까, 없어야 할까?

정답 쓰레기 종량제, 사람들이 불편해 하기 때문이다.

곤충이 사라지면 커피도 사라져

　기후 변화 때문에 곤충이 줄어들면 커피나 코코아 같은 열대작물이 줄어들 거라고 해. 기온이 1년 내내 평균 20℃ 이상이고 기온이 가장 낮은 달이 18℃ 이상인 지역을 열대지방이라고 하는데, 이곳에서 재배되는 작물(곡식이나 채소)이 열대작물이야.

　전 세계 작물 중 약 75%는 벌 같은 곤충이 꽃가루를 옮겨 주어 번식해. 그런데 번식을 도와주는 곤충 수가 너무 많이 줄어들면 꽃가루를 옮겨 주지 못하니 자연스럽게 식물이 열매를 맺을 수 없겠지. 이미 곤충이 줄어 작물이 줄어든 지역도 있어.

　커피나 코코아는 특히 곤충이 꽃가루를 옮겨 주는 식물이라 영향을 크게 받는 거야. 사람이 직접 꽃가루를 옮길 수도 있지만 그럼 엄청 많은 사람이 일을 해야 하고 당연히 비용도 더 들지.

　이 내용은 2023년 발표된 논문의 내용이야. 전 세계 여러 자료를 바탕으로 2050년까지 어떻게 될지 살펴보았다고 해.

 좋아요　 따뜻해요　 화나요　 슬퍼요　 놀라워요　 오, 알겠어요

 **퀴즈**
- 기온이 1년 내내 평균 20℃ 이상이고 기온이 가장 낮은 달이 18℃ 이상인 곳은? (ㅇㄷㅈㅂ)
- 곤충이 꽃가루를 옮겨 주지 않으면 작물이 번식할 방법이 없다. (○, ×)

 **미니 논술**
꽃가루 곤충이 사라져서 커피, 코코아의 재배가 줄어들면 어떤 일이 생길까?

\#　　　\#　　　\#

정답 열대지방, ×

전쟁과도 같은 기후 위기

 2023년 여름은 1940년 날씨를 관측한 이후 가장 더운 해였어. 정말 엄청나게 더운 것을 '폭염'이라고 하는데 폭염뿐 아니라 심하게 많은 비가 내리는 폭우, 반대로 비가 너무 내리지 않는 가뭄 등 여러 재해들이 전 세계 곳곳에서 일어났지. 날이 너무 더워 공기가 뜨거워지고 건조해져서 산불이 나기도 했어.

 겨울 날씨여야 하는 남미 국가들은 여름 날씨를 보였어. 하와이 마우이섬은 산불로 많은 사상자(죽거나 다친 사람)가 생겼어. 북아프리카 리비아는 폭우로 인해 사망자, 실종자가 많았어. 스웨덴 등 북유럽 국가들도 폭우 때문에 도로를 막아 두거나 열차가 끊어지기도 했어.

 이렇게 기온이나 강수량 따위가 정상적인 상태를 벗어난 '이상기후'가 계속되면 당장은 관광객이 줄어드는 등의 피해가 생겨. 그런데 더 멀게 내다보면 식량 문제도 생길 수 있어. 일하기가 힘들어지고, 농작물도 피해를 보아서 수확하는 양이 줄어드는 거지. 그럼 나라 간에 물건을 사고파는 무역도 줄어들 수 있어. 결국 모두가 피해를 보는 거야.

좋아요   따뜻해요   화나요   슬퍼요   놀라워요   오, 알겠어요

- 기온이나 강수량 따위가 정상적인 상태를 벗어난 상태는? (ㅇㅅㄱㅎ)
- 이상기후가 오래 되었을 때 생기는 피해를 한 가지만 말해 봐.

- 이상기후 현상을 조금이라도 막기 위해 우리가 당장 실천해야 할 일은 뭘까?
- 이상기후의 책임은 누구에게 있을까?

정답 이상기후, 농작물 피해로 식량이 부족해질 수 있다.

| 사회 | 경제 | 교육 | 과학 | 환경 | 국제 |

멸종 위기 아마존강돌고래, 어쩌나

　아마존강돌고래(분홍돌고래) 100여 마리가 집단으로 죽은 채 발견되었어. 폭염(매우 더운 날씨)과 가뭄(오랫동안 비가 오지 않음) 등의 기후변화 때문이라고 예상해. 실제 아마존 곳곳의 가뭄이 심했거든.

　가뭄이 심해져서 세계에서 가장 큰 아마존강 깊이가 하루에 30㎝씩 얕아졌다고 해. 죽은 아마존강돌고래들이 발견된 곳도 평소보다 비가 3분의 1이 적게 왔어. 날씨가 너무 더우니 강물 온도가 높아졌는데, 그것도 돌고래들이 죽은 원인이 되었어.

　아마존강돌고래는 길이 2~2.5m, 무게 85~185㎏으로 세계에서 가장 큰 강돌고래 종이야. 세계자연보전연맹(IUCN)이 지정한 멸종 위기종인데 해마다 1500마리씩 줄어들고 있어. 1500만 년 동안 아마존강과 그 근처에 살았는데 그동안 인간이 만든 수력 발전소 등으로 스트레스를 받아 왔어. 그런데 이번에 기후변화로 더 큰 피해를 본 거지.

　아마존강이 얕아지니, 주민들도 어려움을 겪고 있어. 많은 주민들이 아마존강을 통해 식량과 교통, 에너지 등을 해결하고 있거든. 환경 문제는 결국 인간에게 피해가 오게 되어 있어.

 좋아요　 따뜻해요　 화나요　 슬퍼요　 놀라워요　 오, 알겠어요

· 아마존강돌고래의 죽음의 원인으로 추측하는 것은?
· 멸종될 위기에 처한 종을 이르는 말은? (ㅁㅈ ㅇㄱㅈ)

· 돌고래가 멸종된다면 인간에게 어떤 문제가 생길까?
· 인간도 멸종하게 될 날이 온다면 어떤 대책을 세워야 할까?

정답 기후변화 때문이다, 멸종 위기종

나무늘보가 죽고 있다니!

　나무늘보가 죽고 있다는 안타까운 소식이 전해지고 있어. 중앙아메리카 코스타리카의 동물학자 베키 클리프는 나무늘보의 수가 점점 줄어드는 것 같아 조사를 시작했어. 알고 보니 나무늘보 배 속의 미생물이 줄어들어 먹은 음식을 소화하지 못하고 있었어. 그래서 점점 힘이 약해지고, 결국에는 죽게 되는 거지.

　이상기후가 그 이유라고 해. 코스타리카는 땅의 반 이상이 생물들이 잘 보존되어 오는 곳이었지만, 최근에 기후변화를 겪으면서 조금씩 달라지고 있어. 비가 오지 않는 날도 많아졌지. 또 날이 추워지면 나무늘보 배 속의 미생물이 살기 힘들다고 해.

　전 세계 6종류의 나무늘보 중 2종류의 나무늘보가 코스타리카에 사는데, 이 나무늘보들이 죽어가고 있으니 안타깝지. 나무늘보는 거의 덩굴이나 나무에 매달려 살아. 그런데 인간이 설치한 전깃줄을 잡고 다니다가 다치는 경우도 생긴다고 해. 인간이 당장 편하기 위해 소중한 동물들을 사라지게 하고 있는 셈이야.

　사실 멸종되었거나 멸종 위기에 처한 동물은 나무늘보 말고도 참 많아. 많은 나라들이 멸종 위기종의 서식지 개발이나 사냥을 금지하고 있지만 한계가 있어.

좋아요	따뜻해요	화나요	슬퍼요	놀라워요	오, 알겠어요

 **퀴즈**
- 나무늘보가 죽어가고 있는 까닭이 뭔지 말해 봐.
- 나무늘보가 인간이 설치한 전깃줄을 잡다가 다치는 경우도 있다. (O, X)

 **미니 논술**
　나무늘보가 사람들에게 말을 한다면 뭐라고 할까?

\#　　　　　\#　　　　　　　　　**정답** 이상기후 때문에 나무늘보의 소화 기능이 떨어져서, O

춘천의 달라진 종량제 봉투

　강원도 춘천시에서 종량제 봉투를 새롭게 만들었어. 종량제 봉투에 넣어서 버리면 안 되는 물건을 봉투에 그림으로 그려 두었다고 해. 그래야 사람들 눈에 잘 띄어 실수를 줄일 수 있거든.

　그 전의 종량제 봉투는 글자로 되어 있어서 한눈에 들어오지 않았어. 그림으로 바꾸면 한글을 모르는 사람도 쉽게 이해할 수 있어. 영어로도 써 놓아서 외국인도 잘 알 수 있게 했지. 소각용(불에 태우는 것) 봉투는 원래 흰색이었는데 주황색으로 바꾸었어. 또 혼자 사는 사람이 늘어나면서 5리터짜리 작은 봉투도 만들었어. 5리터 재사용 봉투는 일반 봉투 대용으로도 사용할 수 있어, 더욱 유용할 것으로 기대된다고 해.

　우리나라는 쓰레기를 줄이기 위해 1995년 1월부터 쓰레기를 버릴 봉투를 사서 그 안에 담아 버리게 했어. 쓰레기가 많이 나오면 봉투를 더 많이 사야 하니까 저절로 비용을 더 내게 되는 거지. 정확한 이름은 '쓰레기 수수료 종량제'야.

　지역마다 가격이 조금씩 달라. 반드시 자신이 사는 곳에서 사용하는 봉투에 담아 버려야 해. 만약 쓰레기를 종량제 봉투에 담지 않고 버리다가 적발되면 과태료를 내야 해.

 좋아요　 따뜻해요　 화나요　 슬퍼요　 놀라워요　 오, 알겠어요

 **퀴즈**
- 춘천시의 쓰레기 종량제 봉투가 어떻게 달라졌는지 말해 봐.
- 종량제 봉투를 구입해 쓰레기를 버리게 한 제도의 정확한 이름은? (ㅆㄹㄱ ㅅㅅㄹ ㅈㄹㅈ)

 **미니 논술**
- 쓰레기를 줄이게 하기 위한 새로운 방법이 있다면 뭘까?
- 봉투에 버리면 안 되는 물건을 그림으로 그려 두는 것, 어떻게 생각해?

정답 봉투에 버리면 안 되는 물건이 그려져 있다, 쓰레기 수수료 종량제

버려지는 전자 제품, 재활용 될까?

　고장 나거나 안 쓰는 전자 제품이 있는 집이 많아. 전자 제품 버리는 일이 번거롭고 어렵기 때문이지. 조사해 보니 한 집에 보통 전자 제품이 60개가 넘게 있어. 텔레비전, 냉장고, 스마트폰, 태블릿PC, 디지털카메라 등이야. 이렇게 전자 제품이 많다 보니 충전기도 자연스럽게 많아. 기기마다 충전기 종류가 다 달라서 그래.

　그런데 사용을 안 하거나 고장 나면 못 버리고 집에 두기도 하지만, 버리는 것도 엄청 많아. 버려지는 전자 제품이 쌓이는 속도는 인구가 늘어나는 속도보다 훨씬 빠르다고 해. 점점 다양한 전자 제품이 나오기 때문이야. 환경오염, 자원 낭비가 심각한 수준에 이르렀어.

　전자 제품은 구리 등의 금속을 포함한 수많은 물질로 되어 있어. 그래서 아무 데나 버리면 안 돼. 스마트폰 같은 경우에는 그 안의 금속을 다시 사용할 수 있지만 재활용이 잘 안 된다고 해.

　매년 10월 14일은 '세계 전자 폐기물 없는 날'이야. 버려지는 전자 제품과 환경에 대해 우리 모두 생각해 보면 좋겠어.

좋아요　따뜻해요　화나요　슬퍼요　놀라워요　오, 알겠어요

- 각 가정마다 전자 제품이 늘어남으로 인해 생기는 문제는 뭔지 말해 봐.
- 전자 제품과 환경에 대해 생각하는 10월 14일은? (ㅅㄱ ㅈㅈ ㅍㄱㅁ ㅇㄴ ㄴ)

스마트폰을 최대한 적게 바꾸기 위한 표어를 생각해 봐.

정답 전자 폐기물 때문에 환경 오염, 자원 낭비가 심하다, 세계 전자 폐기물 없는 날

사라지는 식량, 이것 때문이다!

전 세계적으로 재난이 계속 이어지고 있어. 예상하지 못한 나쁜 일, 사고를 '재난'이라고 해. 홍수, 산불, 질병, 전쟁, 심한 더위 같은 것 말이야. 재난은 자연적으로 일어나기도 하지만, 최근에는 사람들 때문에 일어나는 재난이 늘고 있어. 그리고 이 재난 때문에, 우리의 식량이 사라지고 있어.

'세계식량위기보고서 2022'에 따르면 식량 위기에 놓인 인구는 2021년 기준으로 무려 1억 9천만 명이 넘어. 2020년에 비해 4배나 늘어난 거야. 남수단, 에티오피아 등의 나라는 굶어죽기 직전의 상황을 마주하고 있어.

농사를 많이 짓는 아시아는 농산물 피해가 심해. 아프리카도 조금씩 식량을 잃고 있어. 홍수나 가뭄으로 열심히 농사지은 작물이 잘못되는 거야. 주로 과일, 채소, 곡식 같은 작물이 피해를 입고 있어. 이렇게 사라지는 식량은 1년에 무려 5억 명이 먹을 수 있는 양이라니 어마어마하지.

더 많은 씨앗을 개발하고, 기후 문제를 미리 파악해 대비하면 손해를 줄일 수 있어. 우리나라 역시 스스로 생산 가능한 작물이 많지 않은 편이라 식량 안보에 신경 써야 해.

좋아요	따뜻해요	화나요	슬퍼요	놀라워요	오, 알겠어요

· 재난 때문에 사라지는 식량은 1년에 10억 명이 먹을 양이다. (○, ×)
· 식량 위기 대처 방법으로 기사에서 제안한 것은 무엇인지 말해 봐.

식량 문제 해결을 위해 씨앗을 개발하는 것, 어떻게 생각해?

\#   \#   정답 ×, 더 많은 씨앗을 개발하고, 기후 문제를 미리 파악하는 것이다.

바다에 떠다니는 기름, 대체 무엇일까?

　바다에 불법으로 기름을 버리는 이들이 있어. 바다를 뜻하는 '해양', 법을 어긴다는 '불법', 버린다는 뜻의 '투기'라는 단어를 합쳐 '해양 불법 투기'라고 부르지. 이렇게 불법으로 버려지는 기름이 5년간 1155만 리터가 넘었다고 해. 1300건 이상은 적발되어 잡혔어.

　그런데 기름만이 아니야. 낡은 물건이나 사람에게 피해를 줄 수 있는 액체류도 버리는데 그중 기름이 가장 많은 거야. 경기도, 부산, 제주도 등 여러 지역에서 이런 일이 벌어지고 있어.

　바다에 불법으로 무언가 버리다가 들키면 벌금을 내거나 무거운 벌을 받아. 이미 많은 이들이 벌을 받았고 일부는 벌금을 냈지.

　이렇게 바다에 불법으로 기름이나 물건을 버리면 바다가 오염되는 것은 당연한 일이야. 바다가 오염되면 바다와 관련된 일을 하는 사람들도 피해를 보게 되어 있어. 사람들에게 문제의 심각성을 알려야 해. 캠페인을 벌이거나 계속 단속을 해야 한다는 의견도 꾸준히 나오고 있어. 그래야 바다 오염이 줄어들 거야.

좋아요　따뜻해요　화나요　슬퍼요　놀라워요　오, 알겠어요

- 바다에 불법으로 무언가를 버리는 것은? (ㅎㅇ ㅂㅂ ㅌㄱ)
- 바다에 버리는 물건으로 기사에서 이야기한 것을 말해 봐.

바다에 기름이나 쓰레기를 불법으로 버리는 이에게 어떤 처벌이 적당할까?

\#　　　\#　　　\#

정답 해양 불법 투기, 기름, 낡은 물건, 액체류

온실가스 줄이는 것만으로는 부족해

　미국 컬럼비아대학교 지구환경과학과 연구 팀에서, 온실가스 줄이는 것 말고도 다른 대책을 마련해야 기후변화를 좀 더 늦출 수 있다는 연구 결과를 발표했어.

　로저 레벨 박사는 지구온난화에 대해 오래전부터 연구한 학자야. 그는 1965년, 인류가 화석연료를 사용하면서부터 대기 중 이산화탄소가 많이 발생했다는 것을 알아냈어. 대기 중에 이산화탄소가 많아지면 지구 표면의 온도가 올라가. 이걸 '온실효과'라고 하지.

　그런데 지구 온도가 생각보다 더 빠르게 오르고 있다는 거야. 유엔에서 예상한 것보다 더 많이 오르고 있는 거지. 연구 팀은 이를 막기 위해 친환경 에너지를 개발해야 한다고 주장하고 있어.

　많은 연료를 사용하기 때문에 기후변화에 좀 더 책임이 있는 나라들이, 개발도상국(산업의 근대화와 경제 개발이 선진국에 비하여 뒤떨어진 나라)이 기후변화에 대응하도록 도와주어야 한다고도 하지. 온실가스 배출을 막는 것뿐 아니라 구름에 인위적으로 영향을 주어 비를 내리게 하는 인공강우, 성층권에 에어로졸을 뿌려 태양 빛을 막는 등의 노력을 계속 해야 한다고도 해.

 좋아요　 따뜻해요　 화나요　 슬퍼요　 놀라워요　 오, 알겠어요

 **퀴즈**
- 대기 중에 이산화탄소가 많아지면서 지구 표면 온도가 올라가는 현상은? (ㅇㅅㅎㄱ)
- 온실가스 배출을 막는 것 외에, 해결 방안으로 제시되고 있는 것을 말해 봐.

 **미니논술**
지구온난화 속도를 늦추기 위해 지금 당장 실천할 수 있는 것 두 가지를 말해 봐.

정답 온실효과, 친환경 에너지 개발, 인공강우, 에어로졸 뿌려 태양 빛 막기

기후 위기 대책, 이대로는 안 된다!

호주 멜버른 청소년들 수천 명이 기후 위기 대책을 마련해 달라며 전국 곳곳에 모여 시위했어. 그날은 학교에 가지 않고 도심으로 행진했지. 시드니에서도 많은 학생들이 환경부 장관 사무실 앞으로 가서 기후 위기에 대응해 줄 것을 요구했어.

이 세상을 살아갈 다음 세대를 위해서라면, 학교 수업을 잠시 멈추고 시위가 필요하다고 생각한 거야. 부모들 또한 학생들의 뜻을 이해하고 동의해 주었어.

시위에 참석한 아이들은 호주 정부에서 기후 위기의 근본 원인을 찾지 못하고 있다면서, 석탄과 가스 사업을 새로 시작하지 않아야 한다고 주장했어. 2030년까지 탄소 중립, 신재생 에너지 개발을 해야 한다면서 말이야.

이번 시위는 환경을 위해 일하는 청소년이 시작했는데, 2018년 환경 운동가 그레타 툰베리의 시위도 동기가 되었어. 그레타 툰베리는 스웨덴의 환경 운동가로 어린 시절 아버지의 영향으로 환경에 관심을 갖게 되었어. 청소년 기후 행동을 시작으로 2019년 전 세계적으로 동맹휴학(어떤 뜻을 전하기 위해 학교 수업을 모두 함께 거부하는 행동) 운동을 이끌기도 했어.

 좋아요   따뜻해요   화나요   슬퍼요   놀라워요   오, 알겠어요

 **퀴즈**
- 시위에 참석한 호주 청소년들이 정부를 비판한 이유를 말해 봐.
- 이번 시위의 동기가 된 환경 운동가는? (ㄱㄹㅌ ㅌㅂㄹ)

 **미니 논술**
기후 위기 대책을 촉구하며 학교를 가지 않고 시위하는 것, 어떻게 생각해?

\#   \#

정답 기후 위기의 근본 원인을 찾지 못하고 있다, 그레타 툰베리

플라스틱 빨대, 계속 사용해도 되나?

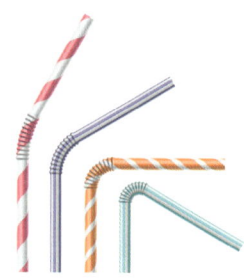

정부가 카페에서 플라스틱 빨대 사용을 금지하기로 했다가 시행을 미루겠다고 발표했어. 원래 일회용품을 사용하면 과태료를 내게 하는 것으로 했다가, 각 매장에서 스스로 참여하는 방향으로 바꾼 거야. 종이컵도 다시 사용할 수 있게 되었는데, 대신 재활용을 더 권장하는 방향으로 해 보겠대. 일회용품 줄이기에 적극 나서는 가게에는 다회용 컵 구입 등에 필요한 비용을 지원해 준다고 하지.

이에 대해 환경 단체인 녹색연합에서는 정부에서 환경보호를 막고 있다면서 비판했어. 전 세계적으로 플라스틱으로 인한 환경오염이 문제이고, 이를 해결하기 위해 대책을 강화해야 하는데 우리는 오히려 완화한다고 하니, 그런 의견이 나오는 거야. 유럽연합 회원국들도 2021년 7월부터 일회용 플라스틱 빨대를 사용하지 못하게 하고 있거든.

한편 일부 가게 사장님들은 반기기도 해. 손님들이 종이 빨대가 싫다며 플라스틱 빨대를 달라고 하면 난감하기도 하고, 일회용품을 사용하지 못하면 설거지가 늘어서 직원을 더 뽑아야 하는 어려움이 있었거든. 정부도 이 점을 고려하여 정책을 바꾼 것이기도 하지.

 좋아요　 따뜻해요　 화나요　 슬퍼요　 놀라워요　 오, 알겠어요

 **퀴즈**
- 플라스틱 빨대를 사용하지 못하게 했다가 완화한 것을 모두가 환영하고 있다. (○, ×)
- 플라스틱 빨대를 사용하지 못하게 했다가, 완화하며 어떤 방향으로 하기로 했는지 말해 봐.

 **미니 논술**
카페나 식당 등에서 플라스틱 빨대를 비롯해 일회용품을 사용하지 못하게 법으로 정해야 할까?

\#　　\#　　\#

정답 ×, 각 매장이 자발적으로 참여하게 했다.

환경보호 실천하는 제로 웨이스트 가게

'제로 웨이스트(zero waste)'는 쓰레기(waste)를 제로(0)로 한다는 말로, 환경을 위해서 낭비를 최소화하자는 것을 말해. 일회용품, 플라스틱 등을 덜 사용하는 거지.

정부에서는 각 매장에서 일회용품 사용을 금지하려고 했다가 미루기로 했지만, 그것과 상관없이 원래부터 환경보호를 실천하는 가게들이 있어. 일회용 컵, 일회용 빨대, 일회용 티슈 등을 사용하지 않고 운영하는 거야.

일회용품에 익숙해진 손님들은 이런 가게가 낯설어, 매장에 들어왔다가 그냥 가는 경우도 있어. 테이크아웃(가지고 가는 것)을 하려면 직접 컵을 가져오거나 빌려서 받아 가야 하는데 익숙하지 않은 거지.

제로 웨이스트 가게에 익숙해진 손님들은 알아서 자신의 컵을 가져와 음료를 사 가곤 해. 환경보호에 함께하려는 마음이 있는 거지. 한 사람이 1년간 버리는 일회용품의 양이 약 14kg이라고 하니, 이렇게 한 사람 한 사람이 노력하면 일회용품 쓰레기도 줄어들 거야.

5R 운동도 있어. 어느 작가가 소개한 것인데, Refuse(거절하기), Reduce(줄이기), Reuse(재사용하기), Recycle(재활용하기), Rot(썩히기)의 앞 글자를 따서 만든 말이야.

 좋아요   따뜻해요   화나요   슬퍼요   놀라워요   오, 알겠어요

 **퀴즈**
- 환경을 위해 낭비를 최소화하는 캠페인은? (ㅈㄹ ㅇㅇㅅㅌ)
- 제로 웨이스트 가게를 모두가 환영하고 있다. (○, ×)

 **미니 논술**
- 가게들이 제로 웨이스트 운동에 동참하게 하는 방법은 뭘까?
- 우리 동네에 제로 웨이스트 가게가 있는지 알아보자.

정답 제로 웨이스트, ×

부자들은 돈도 많고 탄소 배출량도 많아

전 세계적으로 1% 안에 드는 부자들을 '슈퍼 리치'라고 해. 그들이 내뿜는 탄소가 전 세계의 가난한 사람들 50억 명이 내뿜는 탄소의 양과 비슷하다는 결과가 나왔어. 상위 10%의 부자들이 내뿜는 탄소는 전체 탄소 배출량의 50%가 넘어. 그런가 하면 하위 50%의 가난한 사람들이 배출한 탄소는 8% 정도라고 해.

슈퍼 리치는 환경오염을 많이 일으키는 회사의 일을 하거나 그런 회사에 투자한 경우가 많아. 그들만이 따로 이용하는 비행기나 요트를 소유한 경우도 많지. 그들의 호화로운 생활 또한 환경오염을 일으키는데 영향을 주지. 결국 그 누구보다 탄소 배출을 많이 하는 거고, 이건 곧 지구온난화에 영향을 줘. 만약 이대로 간다면 탄소 배출량이 줄어들긴 어려울 거야. 지구의 온도 상승폭을 1.5도로 제한하려면 2030년까지 1인당 평균 탄소 배출량이 1년에 2.1톤이어야 해. 그런데 슈퍼 리치들은 목표보다 30배가 높아.

이 내용은 국제구호개발기구 옥스팜에서 발표한 거야. 환경오염으로 인한 피해는 가난한 나라, 여성, 유색 인종이 더 많이 받고 있다고 해. 슈퍼 리치들이 이 문제를 알고 스스로 책임지고자 하는 마음이 필요할 거야.

 좋아요   따뜻해요   화나요   슬퍼요   놀라워요   오, 알겠어요

퀴즈
- 전 세계적으로 1% 안에 드는 부자를 이르는 말은? (ㅅㅍ ㄹㅊ)
- 슈퍼 리치가 따로 사용하는 요트, 비행기 등이 탄소 배출을 늘리는 하나의 원인이다. (O, ×)

미니 논술
탄소 배출에 대해 슈퍼 리치들에게 책임을 물어야 한다면, 무엇을 하게 해야 할까?

#   #   #

정답 슈퍼 리치, O

탄소 중립의 열쇠, 식물플랑크톤

　'탄소 중립'은 탄소가 나오는 만큼 다른 방식으로 없애 결국 중립 상태인 '0'으로 만드는 것을 말해. 지구온난화를 막기 위해서 온실가스를 없애는 것이 목적이지. 탄소 관련 물질이 대부분의 온실가스를 차지하거든. 그런데 탄소를 가장 많이 흡수하는 것은 식물플랑크톤이라는 사실을 우리나라 한 연구진이 밝혀냈어.

　물속에서 물결 따라 떠다니는 작은 생물을 모두 합쳐 플랑크톤이라고 하는데, 그중 하나가 식물플랑크톤이야. 바다에서 여러 생물을 채집해서 분석해 보니 식물플랑크톤이 탄소를 많이 빨아들인다는 결과가 나왔어. 그 다음으로 원생동물 플랑크톤, 후생동물 플랑크톤 순서로 탄소를 빨아들여.

　이 연구 결과로 식물플랑크톤을 늘리는 것이 이제 지구온난화 문제 해결의 열쇠가 될 수도 있다는 전망이 나왔어. 지금 전 세계는 기후변화 위기를 마주하고 있어서 어떻게 탄소 중립을 이룰지 고민하고 있어. 바다의 역할에 관심이 모아질 때야.

좋아요	따뜻해요	화나요	슬퍼요	놀라워요	오, 알겠어요

- 탄소가 나오는 만큼 다른 방식으로 없애 탄소를 0으로 만드는 것은? (ㅌㅅ ㅈㄹ)
- 지구온난화 문제 해결 방식으로 새롭게 떠오른 내용을 말해 봐.

식물플랑크톤을 늘릴 수 있는 방법을 조사해 봐.

\#　　　\#　　　\#

정답 탄소 중립, 식물플랑크톤을 늘리는 것이다.

베네치아 대운하가 녹색이 된 까닭은?

　이탈리아에 가면 많은 관광객이 찾는 베네치아 대운하가 있어. 이 대운하가 녹색으로 변하는 일이 있었어. 기후 활동가들이 시위를 벌이면서 염료를 뿌려 놓은 거야. 염료는 해롭지 않은 거라서, 얼마 후 물은 원래 상태로 돌아왔어. 하지만 이 시위 때문에 대운하 통행이 잠시 중단되었지.

　기후 위기가 이탈리아에도 많은 문제를 일으키고 있지. 그런데 이에 대해 심각하게 생각하고 대안을 고민해야 할 정치인들이 적극적이지 않다며, 기후 활동가들이 시위를 벌인 거야. 이렇게라도 해야 관심을 갖는다면서 말이야.

　이런 일은 처음이 아니야. 1968년에는 아르헨티나 예술가 니콜라스 가르시아 우리부루라는 사람이 비슷한 목적으로 녹색 형광물질을 이곳에 뿌렸지. 여기뿐 아니라 로마 티메르 강과 밀라노의 운하, 토리노의 포 강에서도 비슷한 일이 있었다고 해.

　이에 대해 베네치아 시장은 어떤 이유든 모두의 것인 강물에 이렇게 형광물질을 뿌리는 건 나쁜 일이라며 처벌해 달라고 했어. 환경에 해가 되지 않는 물질인지 정확히 밝혀지지 않았다는 비판도 일고 있어.

좋아요　　따뜻해요　　화나요　　슬퍼요　　놀라워요　　오, 알겠어요

퀴즈
- 기후 위기를 극복하고자 운동하는 이들을 뭐라고 할까? (ㄱㅎ ㅎㄷㄱ)
- 기후 활동가들이 베네치아 대운하에 형광물질을 뿌린 것은 환경을 생각하지 않아서다. (O, ×)

미니 논술
환경 운동가들이 자신들의 주장을 펼치기 위해 이런 일을 하는 것은 옳은 일일까?

\#　　　\#　　　\#

정답 기후 활동가, ×

우리나라도 지진 안전 지대 아니다

지진과 화산 폭발이 많이 일어나는 판의 경계를 '불의 고리'라고 해. 이 불의 고리에서 발생하는 지진으로 인해 가끔 세계가 떠들썩하곤 하지. 세계에서 일어나는 지진의 90%가 불의 고리에서 일어나거든. 규모 7.0 이상의 큰 지진 역시 80%는 이곳에서 일어나.

우리나라는 불의 고리에서 벗어나 있어. 그래서 예전부터 지진으로부터 안전할 거라는 생각을 했지. 그런데 최근 규모가 작지 않은 지진이 몇몇 발생하면서 우리나라도 안전하지 않을 거라는 이야기가 나오고 있어.

2011년 우리나라에는 3.0 이상의 지진이 14번 있었어. 2018년에도 지진이 18번 일어났지. 2016년에는 경주에서 규모 5.8의 지진이 일어나 많은 이들이 놀랐어. 우리나라에서 있었던 지진 중 가장 큰 규모였거든. 2023년에도 강원도 동해에서는 규모 4.5의 지진이 발생했지.

게다가 바다가 아닌, 사람들이 사는 육지에서도 지진이 일어나는 경우가 점점 늘고 있어. 우리나라는 땅이 작고 도시가 몰려 있어 더 위험할 수 있지. 이제 지진 대피 훈련을 더 강화해야 한다는 목소리도 들려오고 있어.

좋아요　따뜻해요　화나요　슬퍼요　놀라워요　오, 알겠어요

 퀴즈
- 지진과 화산 폭발이 많이 일어나는 판의 경계는? (ㅂㅇ ㄱㄹ)
- 바다가 아닌 육지에서도 지진이 늘어나고 있다. (○, ×)

 미니 논술
우리나라가 더 이상 지진 안전 지대가 아니라면 어떻게 대처해야 할까?

\#　　\#　　\#

정답 불의 고리, ○

지구는 짠맛?

 생활을 경제적으로 잘 살아가기 위해서 물건이나 서비스를 만드는 것을 '산업'이라고 해. 1차, 2차, 3차 산업이 있지. 그런데 이 산업을 위해 사용되는 소금 때문에 지구 전체가 염분화(소금기가 많아지는 것)되고 있어. 지구의 물이나 땅, 대기 등에 소금의 영향이 미치고 있는 거야.

 바닷물이 짜다는 것은 누구나 알지. 바닷물의 성분 중 주요한 것이 염화나트륨(NaCl)인데, 이게 짠맛을 만들어 내. 염화나트륨은 산업계에서 많이 사용되고 있는데, 공장에서 외부로 나가게 된 염화나트륨이 물을 따라 흘러 생태계 전반에 영향을 미쳐.

 농장이나 공장에서 도로로 흘러간 후 비를 통해 곳곳의 하천까지 흘러 들어가는 거야. 겨울에는 눈이 와서 얼면 눈을 녹이기 위한 제빙제를 뿌리는데 여기에도 소금 성분이 많아. 이 또한 하천으로 흘러가지.

 인간이 만든 염화나트륨, 자연에 본래 있는 염분이 합쳐져 지하수까지 흘러가면 나중엔 사람이 먹기 힘든 물이 될 수 있어. 전 세계가 주목하고 생각해 보아야 할 일이야.

좋아요   따뜻해요   화나요   슬퍼요   놀라워요   오, 알겠어요

- 산업을 위해 사용되는 소금 때문에 지구가 염분화되고 있다. (○, ×)
- 지구가 염분화되면서 생길 수 있는 문제를 한 가지만 말해 봐.

겨울철 눈을 녹이기 위해 제빙제 뿌리는 것 말고 할 수 있는 일은 무엇이 있을까?

\#   \#

정답 ○, 농장에서 하천으로 흘러가고, 지하수까지 흘러갈 수 있다.

| 사회 | 경제 | 교육 | 과학 | 환경 | 국제 |

과대 포장은 싫어요!

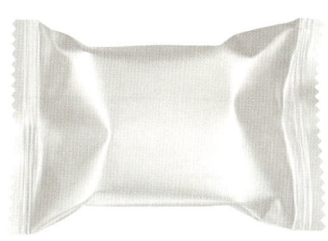

초등학생들이 한 마트에서 과자를 구입해 먹었어. 그런데 뜯어도 뜯어도 포장이 나오는 거야. 결국 모든 포장을 뜯고 나니 얼마 안 되는 과자가 나왔는데, 그 과자를 나누어 포장하기 위해 사용된 비닐과 플라스틱이 더 많은 거야.

학생들은 해당 마트에서 다른 제품도 살펴보았어. 쿠키, 김, 홈런볼 과자 등을 살펴보니 역시 과대 포장이 심했어.

이 경험을 한 친구들은 선생님과 마트에 편지를 썼어. 개인이나 기업의 이익만을 위해 이렇게 한다면 지구의 미래는 더 어두워질 거라는 의견을 담았지. 학생들은 양이 좀 적더라도 포장이 적은 제품을 사 먹을 거라고 말했어.

전문가들은 지구의 골든 타임을 7년이라고 보고 있어. 이산화탄소 배출량을 바탕으로 지구의 기온이 이전보다 1.5도 오르기까지 남은 시간이 7년이라는 거야. 이런 상황에서 환경에 대한 관심은 필수라고 할 수 있어.

이 수업을 진행한 선생님은 아이들이 자신들의 목소리가 사회에 전달되는 경험을 하길 원한다고 했어. 그러나 아직 편지에 대한 응답은 받지 못했다고 해.

좋아요　따뜻해요　화나요　슬퍼요　놀라워요　오, 알겠어요

 퀴즈
- 상품을 여러 겹으로 지나치게 많이 포장하는 것은? (ㄱㄷ ㅍㅈ)
- 전문가들은 지구가 이미 골든 타임을 놓쳤다고 말하고 있다. (O, X)

 미니 논술
- 과대 포장 상품을 발견했을 때 어린이가 할 수 있는 일은 무엇이 있을까?
- 법적으로 과대 포장을 금지시키는 것에 대해 어떻게 생각해?

\#　　\#　　\#

정답 과대 포장, X

동물원은 동물을 학대하는 곳일까, 보호하는 곳일까?

에버랜드 동물원에는 많은 동물이 있어. 1300마리가 넘는다고 해. 그중 60%는 멸종 위기종이야. 이곳에서 멸종 위기종을 관리하고 생태 교육을 하면서 동물을 보호하고 있지.

에버랜드 동물원은 판다 푸바오로 사람들 입에 자주 오르내렸어. 푸바오는 2020년 7월 우리나라에서 번식에 성공해 태어난 판다이고, 2023년 7월에는 쌍둥이 동생도 태어났지. 동물원이 동물 번식에 앞장서고 있는 사례야. 나아가 동물에 대해 연구하고 그걸 사람들에게 알려 동물에 대한 이해를 돕기도 하고, 생명을 존중하는 마음을 갖게 하고 있어.

2023년 11월에는 큰고니 자연 방사(보내는 것) 프로젝트도 진행했어. 다친 큰고니를 보살피다 번식시켜 다시 밖으로 보낸 거야. 사실 이게 쉬운 일은 아니야.

한편으로는 동물원에 대해 안 좋은 인식도 사람들 사이에 널리 퍼져 있어. 동물을 전시해서 그들의 행복을 막고, 태어난 곳이 아닌 곳에 가두어 살게 하면서 고통스럽게 한다는 거야. 사람들에게 즐거움을 주기 위해 동물 쇼를 준비해서 보여 주는 곳도 있고 말이야.

 좋아요   따뜻해요   화나요   슬퍼요   놀라워요   오, 알겠어요

 **퀴즈**
- 에버랜드 동물원은 동물 번식에 앞장서고 있다. (O, ×)
- 에버랜드 동물원이 한 일 한 가지만 말해 봐.

 **미니 논술**
동물원은 꼭 있어야 할까? 동물원의 좋은 점, 안 좋은 점을 먼저 생각하고 답해 봐.

정답 O, 큰고니를 자연 방사했다.

| 사회 | 경제 | 교육 | 과학 | 환경 | 국제 |

지구는 지금 인류세?

지구 역사를 시대별로 구분해서 지질시대라고 해. 지질시대를 연대별로 누대, 대, 기, 세, 절 등으로 나누는데 지금은 신생대, 제 4기, 홀로세, 메갈라야절에 해당하지. 그런데 이젠 '인류세(人 사람 인, 類 무리 류, 世 인간 세)'를 맞이해야 한다고 말해.

'인류세'는 노벨 화학상을 받은 독일의 폴 J. 크루첸이 제안한 단어야. 인간은 이제 하나의 생물종일 뿐 아니라 자연을 바꾸는 역할을 한다는 거지. 인간 때문에 환경 체계가 많이 바뀌었고, 인간은 그 지구환경과 맞서 싸우게 된다는 거야.

이전에는 자연이 스스로 환경을 조절했어. 밀루틴 밀란코비치라는 천문학자는 지구의 공전과 자전축 영향으로 기후변화가 일어나는 것이고, 자연스럽게 빙하기, 간빙기를 맞는다고 했어. 밀란코비치 이론이라고 하지. 이를 바탕으로 앞으로 어떻게 될지 예측할 수 있다고 주장하는 학자도 있어.

그런데 이 예측을 엇나가게 하는 게 바로 인간이야. 인간은 석탄, 석유를 사용하고 이산화탄소를 많이 배출하면서 미래를 예측할 수 없는 지금 시대를 만들었지.

좋아요　따뜻해요　화나요　슬퍼요　놀라워요　오, 알겠어요

퀴즈
· 인류가 자연환경을 파괴해서 지구의 환경과 맞서 싸우게 된 시대를 이르는 말은? (ㅇㄹㅅ)
· 인간은 자연의 흐름을 잘 따라가며 살고 있다. (○, ×)

미니 논술
· 인간으로 인해 자연환경 체계가 변했다면, 인간이 이제 정말 해야 할 일은 뭘까?
· 인간은 자연의 일부일까, 주인일까?

\#　　　\#　　　\#

정답 인류세, ×

멸종 위기의 황제펭귄

영국의 한 연구소에서 황제펭귄들이 죽고 있다고 발표했어. 얼음이 녹아 풀리는 것을 '해빙'이라고 하는데, 해빙 때문에 황제펭귄의 생명이 위험해졌어. 바다에 빠져 죽기도 하고 물의 온도가 너무 낮아 죽기도 한다는 거야.

황제펭귄은 5~6월에 번식지에서 알을 낳는데 그 알이 65일 후에 깨어나. 그렇게 깨어난 새끼 펭귄은 12~1월쯤 어른 펭귄으로 성장하는데, 이 시기에는 펭귄 서식지의 빙하가 탄탄히 있어야 해. 그런데 연구 팀에서 조사해 보니 새끼 펭귄이 성장하기 전에 얼음이 다 녹아 버린다는 거야. 그래서 아직 수영을 할 수 없는 새끼 펭귄이 바다에 빠져 죽거나 차가운 물 때문에 죽는 거지.

현재 남극의 얼음이 빠르게 사라지고 있어서, 어쩌면 황제펭귄이 위험을 느끼고 새끼를 낳지 않을 수도 있다고 해. 멸종 위기종인 펭귄이 21세기(2000년대) 안에는 아마 거의 멸종될 거라고 해. 해빙도 결국 지구온난화 때문이니, 우리 모두 관심을 가져야 해.

더 큰 문제는 이런 현상이 아델리펭귄, 턱끈펭귄 같은 다른 펭귄에게도 번지고 있다는 거야. 이들의 주요 식량은 크릴인데, 크릴은 식물플랑크톤을 먹고 살거든.

좋아요	따뜻해요	화나요	슬퍼요	놀라워요	오, 알겠어요

- 황제펭귄이 21세기 안에는 멸종될 것으로 보고 있다. (○, ×)
- 황제펭귄이 태어나서 얼마 못 가 죽는 이유를 말해 봐.

- 황제펭귄의 멸종을 막기 위해 사람들은 어떤 일을 할 수 있을까?
- 그중에서도 어린이인 내가 할 수 있는 일은 무엇일까?

정답 ○, 얼음이 녹아 바다에 빠져 죽거나 차가운 물 때문에 죽는다.

사회 경제 교육 과학 환경 국제

미세 먼지 많은 대한민국

　WHO(세계 보건 기구)가 권고한 것보다 미세 먼지가 4배 많은 나라가 있어. 바로 대한민국이야. 우리나라는 WHO가 안전하다고 말한 기준보다 아주 높아. 만약 WHO가 안전하다고 하는 수준이 된다면 사람들의 평균 수명이 1.5년 늘어날 거라고 해.

　우리나라보다 더 안 좋은 나라도 있어. 미국에서 발표한 내용에 따르면, 대기오염 때문에 국민들 건강에 문제가 많이 생긴 대표적 나라가 방글라데시, 인도, 파키스탄, 중국, 나이지리아, 인도네시아라고 해. 중국의 경우 대기오염을 많이 줄였는데도 불구하고 여전히 미세 먼지 수치가 높아. 국민의 기대 수명도 줄고 있지.

　각 나라에서 미세 먼지와 관련해 국민에게 정보를 잘 제공해 주고, 대처 방안을 마련해야 해. 그런데 그럴 힘이 부족한 나라일수록 국민이 상황을 잘 모르니 문제가 커질 수밖에 없지. 공기가 얼마나 좋은지 나쁜지 평가할 수 있는 나라가 아시아에는 35%, 아프리카에는 5% 정도밖에 없다고 하니 심각한 거야.

　미세먼지는 눈에 보이지 않을 만큼 작아서 호흡기를 통해 폐에 들어가거나 혈관을 따라 들어가서 건강을 안 좋게 해. 미세 먼지보다 작은 초미세먼지도 있어.

좋아요　따뜻해요　화나요　슬퍼요　놀라워요　오, 알겠어요

 퀴즈
- 방글라데시, 나이지리아는 한국보다 미세 먼지 문제가 나은 편이다. (ㅇ, ×)
- WHO에서 권고하는 미세 먼지 수치가 되면 사람들 수명은 어떻게 달라지는지 말해 봐.

 미니 논술
미세 먼지는 각 나라의 문제일까, 세계의 문제일까?

#　　　#　　　#

정답 ×, 평균 수명이 1.5배 늘어난다.

투발루는 호주가 고마워

'기후 난민'은 지구온난화 같은 기후변화 때문에 살던 곳을 떠나야 하는 사람을 뜻해. 해수면이 높아져서 물에 잠길 위기에 놓인 나라 사람들이 주로 많아. 2050년이 되면 기후 난민만 1억 명이 될 것으로 추측하고 있어. 물론 태풍이나 지진 때문에 기후 난민이 생기기도 하지.

남태평양의 섬나라 투발루가 조금씩 물에 잠기고 있어. 투발루 인구는 1만 1천 명 정도야. 투발루의 섬은 모두 해수면을 기준으로 높이가 5m 이하야. 지구온난화로 물이 차올라 매년 조금씩 잠기고 있는 대표적인 나라지. 그런데 호주에서 매년 280명씩 이 나라의 기후 난민을 받기로 했어.

투발루 국민은 이미 호주나 뉴질랜드로 이주하고 있었어. 국가 자체가 사라질 위기이기에 호주는 투발루 국민을 받아들이기로 했고, 투발루의 총리인 나타루는 호주에 감사하다는 마음을 전했어.

기후 난민이 되면 단순히 머물 곳만 사라지는 것이 아니라, 식량이나 건강 문제도 겪게 되지. 이들이 살아갈 수 있도록 국제적으로 도와야 해.

좋아요 따뜻해요 화나요 슬퍼요 놀라워요 오, 알겠어요

 퀴즈
- 기후변화 때문에 살던 곳을 떠나야 하는 사람을 이르는 말은 (ㄱㅎ ㄴㅁ)
- 점점 가라앉고 있는 투발루 국민은 갈 곳이 없다. (○, ×)

 미니 논술
기후 난민을 비롯해 난민을 수용(받아들이는 것)에 대해 어떻게 생각해?

\#   \#   \#

정답 기후 난민, ×

후쿠시마 오염수 방류로 시름에 빠진 어민들

 2023년 8월 일본 후쿠시마에서 오염수를 바다로 내보내기 시작했어. 오염수는 말 그대로 오염된 물인데, 원자력발전소에서 핵연료를 차갑게 할 때 나오는 나쁜 물질이 들어 있어. 국제원자력기구(IAEA)에서 오염수를 조사했는데 바다로 내보내도 되는 기준이라고 말했어. 그래서 몇 차례 방류(모아서 가두어 둔 물을 흘려 보냄)가 이루어진 거야.

 그런데 수산업에 종사하는 사람들은 사람들이 여전히 수산물 먹는 것을 예전보다 불안하게 생각한다고 말했어. 처음 방류를 시작할 때보다는 나아졌지만 말이야. 정부에서는 조사 결과 국민들의 수산물 소비가 크게 줄지 않았다고 했지만, 2025년까지도 계속 방류가 예정되어 있어서 어민들은 걱정할 수밖에 없어. 방류 후에 물 오염도를 조사하는 횟수도 줄인다고 하니 더욱 그렇지.

 어민들은 정부에 계속 감시해 줄 것을 요청하며, 오염수 방류뿐 아니라 기후 문제로 인해 잡을 수 있는 수산물의 종이 줄어들고 있다며 지원해 주길 바란다고 했어. 계속 지켜보아야 할 문제야.

 좋아요   따뜻해요   화나요   슬퍼요   놀라워요   오, 알겠어요

 **퀴즈**
- 일본의 후쿠시마 오염수 방류 문제로 피해가 크다고 정부가 말했다. (O, ×)
- 수산업에 종사하는 사람들이 걱정하는 것이 무엇인지 말해 봐.

 **미니 논술** 일본의 오염수 방류에 대해 어떻게 생각해?

정답 X, 사람들이 수산물을 불안해하는 것, 잡을 수 있는 종이 줄어드는 것

| 난이도 ★★ | 사회 | 경제 | 교육 | 과학 | 환경 | 국제 | | 월 일 |

일본 대마도에 핵 폐기장을 세운다니!

　일본이 우리나라 부산에서 50km 떨어진 대마도(쓰시마섬)에 핵 폐기장을 세우려다가 중단했어. 핵 폐기장은 핵 발전소에서 나오는 쓰레기를 처리하는 곳이야.

　일본은 대마도가 지진이 잘 일어나지 않는 곳이라 핵 폐기장을 세우기에 적당한 곳이라고 주장했어. 하지만 핵 폐기장을 세워서 돈을 벌기 위한 목적도 있었어. 핵 폐기장을 세우기 위해 조사하고 일이 진행되는 과정에서 대마도 지역이 지원을 받거든. 대마도가 관광하러 오는 사람도 줄고 있어 특별히 돈을 벌지 못하니 내린 결정이었어.

　그러나 이 지역 주민들이 거세게 반대했어. 핵 폐기장이 들어오면 관광 오는 사람이 더 줄어들 거고, 바다에서 해산물을 잡아 팔면서 사는 사람이 많은데 구매하는 사람이 줄어들면 생계에 어려움이 생긴다는 것이 이유였지.

　우리도 마찬가지야. 대마도는 일본 영토이지만 거리상으로는 우리나라와 더 가까워. 특히 부산이 이로 인해 피해를 입지 않을까 염려했지. 일본 수산물을 수입하지 말자는 의견도 더 거세졌었어. 핵 폐기장은 먼 미래에 생각하지 못한 피해도 줄 수 있기 때문에 이런 점 또한 반대하는 이유였지.

좋아요　따뜻해요　화나요　슬퍼요　놀라워요　오, 알겠어요

 퀴즈
- 일본이 대마도를 핵 폐기장 건설하기 적당한 곳이라고 이야기하는 까닭을 말해 봐.
- 일본이 대마도에 핵 폐기장을 건설하려는 건 지원금을 받기 위한 이유도 있다. (O, ×)

 미니 논술
일본의 대마도 핵 폐기장 건설에 대해 어떻게 생각해?

\#　　　\#　　　\#

정답 지진이 잘 일어나지 않는 곳이라서, O

유리 천장 깬 미국의 여성 정치인

미국의 여성 정치인 파인스타인이 90세의 나이로 세상을 떠났어. 파인스타인은 1970년~1980년대 미국 샌프란시스코의 시장이었어. 여성으로는 최초였지. 그리고 1992년 상원의원이 되었고, 그 후로 31년간 일을 한 거야. 그 외에도 여러 높은 자리에 올라 유리 천장을 연이어 깼다고 알려져 있어.

유리 천장은 눈에 보이지 않는 차별을 말해. 여성이 남성에 비해 높은 자리에 오르기가 어려운 면이 있었는데 이런 상황을 뜻하는 거지. 성별뿐 아니라 인종 때문에 차별 받는 것 또한 포함돼. 그런데 그걸 이겨내면 유리 천장을 깼다고 표현하는 거고.

파인스타인은 늦은 나이까지 나랏일을 했는데, 너무 나이가 많다며 그만둘 것을 요구 받기도 했어. 세상을 떠나기 7개월 전까지 일했지.

우리나라에서는 최근 유리 천장을 깨고 부산에서 첫 여성 도선사가 탄생했어. 도선사는 항구에서 배의 출입항을 인도하는 직업이야. 한국 최초 여성 선장이었는데 도선사 시험에도 합격한 거야. 이 밖에도 여러 직종에서 유리 천장을 깨는 일이 종종 일어나고 있지만 아직은 유리 천장이 존재해.

 좋아요   따뜻해요   화나요   슬퍼요   놀라워요   오, 알겠어요

퀴즈
· 눈에 보이지 않는 막힌 벽을 이르는 말은? (ㅇㄹ ㅊㅈ)
· 파인스타인은 여성 최초로 샌프란시스코 시장이 된 인물이다. (O, ×)

미니 논술
유리 천장이 사라지지 않는 이유가 뭐라고 생각해? 이 문제를 해결하려면 어떻게 해야 할까?

\#　　\#　　\#

정답 유리 천장, O

세계에서 가장 평화로운 나라는?

경제평화연구소에서 세계평화지수를 발표했어. 가장 평화로운 나라는 아이슬란드야. 우리나라는 총 163개국 중에서 43위였다고 해. 대만이나 베트남보다도 낮은 거야. 한편 북한은 149위로 평화롭지 못하다는 결과가 나왔어.

평화로운 나라인지를 판단하는 기준은 나쁜 사고가 자주 일어나지는 않는지, 죄지은 사람이 가는 교도소는 몇 개인지, 테러 위험은 없는지, 나라를 튼튼히 잘 지키고 있는지, 주변 나라와 관계는 좋은지 등이었다고 해.

아이슬란드는 위험한 범죄가 거의 발생하지 않는다고 해. 아이슬란드 다음으로 평화로운 나라로는 덴마크, 아일랜드, 뉴질랜드 순이었지. 우리나라는 북한과의 사이가 좋지 않은 편이라 43위가 나온 거야.

남한과 북한은 원래 하나의 나라였는데, 지금은 반으로 갈라졌어. 해방 이후 1948년 대한민국이 정부를 수립한 것을 알리고, 북한 또한 조선민주주의인민공화국을 선포하면서 공식적으로 분단이 되었어. 서로 잘 지낸 시기도 있었지만 가끔 긴장 관계에 놓일 때도 있어서 세계적으로 주목하고 있어.

좋아요　딴뜻해요　화나요　슬퍼요　놀라워요　오, 알겠어요

- 우리나라가 평화롭지 않다고 판단된 근거를 말해 봐.
- 경제평화연구소에서 진행하는, 한 나라의 평화로운 정도를 판단하는 수치는? (ㅅㄱㅍㅎㅈㅅ)

- 우리나라와 북한의 사이가 좋지 않다면 앞으로 어떤 문제가 생길까?
- 세계평화지수를 높일 수 있는 방법은 뭘까?

정답 북한과 사이가 좋지 않은 편이기 때문이다, 세계평화지수

유학 온 우크라이나 학생에게 장학금

　대통령이 우리나라 대학에 다니는 모든 우크라이나 유학생(다른 나라에 가서 공부하는 학생)에게 장학금을 주었어. 장학금은 공부에 좀 더 집중할 수 있도록 주는 돈이야. 2023년 2학기 일정 기간, 등록금과 생활비를 장학금으로 줬지.

　우리나라에서 공부중인 우크라이나 유학생은 153명이라고 해. 이미 장학금을 받던 54명을 빼고 나머지 99명도 받게 된 거야.

　2023년 7월 우리나라 대통령과 우크라이나 대통령이 만났는데, 우크라이나가 러시아와의 전쟁으로 혼란스럽고 힘든 상황이다 보니 인도주의(모두 함께 잘 살고자 사람을 귀하게 존중하는 태도나 마음)적 차원으로 장학금을 주기로 한 거야. 그렇다 보니 특별한 심사 없이 대학이 추천한 모든 학생에게 장학금을 주기로 했어.

　이전에도 우크라이나가 러시아의 침공으로 어려움을 겪고 있어서 유학생과 난민을 도운 적이 있어. 장학금부터 기숙사비 면제, 성금 모금 등을 했었지. 한국에서 공부하면서도 자기 나라의 가족 걱정을 하는 학생들을 위로하고 응원하기 위한 거야.

 좋아요　 따뜻해요　 화나요　 슬퍼요　 놀라워요　 오, 알겠어요

퀴즈
- 모두 함께 잘 살고자 사람을 귀하게 존중하는 태도나 마음은? (ㅇㄷㅈㅇ)
- 우크라이나 유학생에게 장학금을 주기로 한 이유를 말해 봐.

미니 논술
우크라이나 학생에게 장학금을 지원해 주는 것에 대해 어떻게 생각해?

\#

정답 인도주의, 우크라이나가 전쟁 중 혼란스러워 인도주의 차원에서 주기로 했다.

노벨상 받고 나면 연구 성과가 줄어든다고?

　21세기에 노벨상을 받은 사람 72명, 맥아더 펠로십을 받은 사람 119명을 조사해 보았더니 상을 받고 나서 연구 성과가 줄어들었다고 해. 세계적인 상을 받으면 연구를 더 잘하는지 살펴보기 위해 조사했는데 이런 결과가 나온 거야.

　노벨상은 1896년 스웨덴의 화학자 노벨의 요청으로 만들어졌어. 전 세계의 발전에 힘을 쏟은 사람이나 단체에 주는 상이야. 해마다 물리학·화학·생리학 또는 의학·문학·평화 분야에 상을 주고 있어. 맥아더 펠로십은 독창성이 뛰어난 사람을 격려하고 응원하기 위해 1981년 미국에서 만든 상인데 천재들의 상이라고 불리지.

　연구자는 노벨상이 오히려 과학자의 발전을 막는 것 같다고 말했어. 이렇게 중요한 상이 과학자의 더 나은 연구에 힘을 주지 못한다면 이 상의 목적이나 기준, 상을 받은 것으로 인해 생기는 영향 등에 대해서도 생각해 보아야 한다고 했지.

　다만 수상한 후의 연구 성과는 나이에 따라 좀 다른데, 42살 넘어서 받으면 줄어들었고 41살 전에 받으면 늘었다고 하지. 한편에서는 한 가지 주제를 연구하다가 조금 더 넓혀서 하다 보면 마치 성과가 줄어드는 것처럼 보이는 거라며 이를 인정하지 않고 있어.

| 좋아요 | 따뜻해요 | 화나요 | 슬퍼요 | 놀라워요 | 오, 알겠어요 |

 퀴즈
- 독창성이 뛰어난 사람을 격려하고 응원하기 위해 1981년 미국에서 만든 상은? (ㅁㅇㄷ ㅍㄹㅅ)
- 나이와 상관없이 노벨상을 받으면 성과가 줄어든다. (O, ×)

 미니 논술
상이 사람에게 주는 의미는 뭘까? 상을 받기 전과 받은 후에 달라지는 점이 있을까?

\# 　　　\# 　　　\#

정답 맥아더 펠로십, ×

| 난이도 ☆ | 사회 | 경제 | 교육 | 과학 | 환경 | 국제 | | 월   일 |

북한 사람들도 스마트폰 게임을 할까?

　북한 사람들도 스마트폰을 가지고 있어. 수도인 평양 사람들은 70% 넘게 스마트폰을 가지고 있다고 해. 그들은 모바일 게임도 하지. 스마트폰이나 태블릿PC로 하는 게임 말이야.

　북한 사람들은 스마트 기기에 원래 들어 있는 게임을 하는 경우가 많아. 대개는 간단한 게임이지. 또는 외국의 게임을 불법으로 조금 바꾸어 만든 게임도 한다고 해. 북한에도 게임 회사가 있는데 직접 만들어서 팔기도 하지.

　10대들은 길을 걸어갈 때나 견학할 때도 스마트폰을 들고 있고, 주변 어른에게 인사하는 것도 잊는다지. 젊은 사람들도 길거리에 앉아서 스마트폰을 보고 있고 서로 게임을 하는지 묻기도 해.

　이렇다 보니 북한에서도 스몸비 현상이 나타나고 있어. '스몸비'는 '스마트폰(smart phone)'과 '좀비(zombie)'를 합쳐서 만든 말인데, 너무 스마트폰에만 빠져서 주변을 살피지 못하는 사람을 뜻해. 전 세계적으로 스마트폰을 가지고 있는 사람이 많다 보니 이 스몸비 현상은 세계적인 문제이기도 해.

좋아요　따뜻해요　화나요　슬퍼요　놀라워요　오, 알겠어요

 퀴즈
- 너무 스마트폰에만 빠져서 주변을 살피지 못하는 사람을 이르는 말은? (ㅅㅁㅂ)
- 북한의 10대들은 스마트폰 게임을 하지 않는다. (○, ×)

 미니 논술
북한의 10대들과 우리나라 아이들이 게임을 하는 까닭은 뭘까?

\#　　\#　　\#

정답 스몸비, X

미국 어린이들의 총 관련 사고가 늘고 있어

　미국에서 지난 10년간 어린이와 청소년의 총 관련 사고가 많이 늘었어. 보스턴 어린이 병원의 레베카 매닉스 박사가 조사한 결과야. 만 18살 이전에 사망한 아이 중 질병 이외의 원인을 보았더니 총기(여러 종류 총을 합쳐서 부르는 말)로 일어난 사고가 많았던 거야.

　2021년에는 무려 2500여 명이었다고 해. 원래는 자동차 사고가 잦았는데 총기 사고가 더 늘어난 거지. 약 450만 명의 미국 어린이들은 집에 바로 사용할 수 있는 총이 있다고 해. 두 살짜리 어린아이가 아빠의 총을 실수로 만져서 크게 다친 일도 있었어. 아빠는 총기를 제대로 보관하지 않아 벌을 받을 가능성이 있어.

　미국은 국민이 총을 가지고 있는 것을 법으로 허락하고 있어. 미국 말고도 호주, 캐나다, 브라질, 멕시코 등도 국민이 총을 가질 수 있도록 허락하고 있지. 그런데 이렇게 총으로 인해 사고가 많은 나라는 미국이야.

　어린이, 청소년뿐 아니라 미국 전체적으로 총기 사고가 많은 편이다 보니 이에 대해 대책을 마련해야 한다는 목소리가 높아지고 있어. 그러나 총기 소유를 허용해야 한다는 입장, 금지해야 한다는 입장이 정치적으로 늘 맞서고 있어서 해결하기 쉽지는 않을 것으로 보여.

좋아요　따뜻해요　화나요　슬퍼요　놀라워요　오, 알겠어요

퀴즈
- 총기를 가지고 있는 것을 법으로 허락하고 있는 나라를 말해 봐.
- 총기 사고가 가장 많이 일어나는 나라는 브라질이다. (O, ×)

미니 논술
국민이 총기를 가지고 있는 것을 법으로 허락하는 것, 어떻게 생각해?

\#　　　\#　　　\#

정답 미국, 호주, 캐나다, 브라질, 멕시코, ×

미국, 노는 데 돈 너무 많이 들어

전 세계를 힘들게 했던 코로나 이후, 미국에서는 즐기며 노는 데 드는 비용이 너무 많이 들어 놀이를 포기하는 경우가 있다고 해. '펀플레이션(Funflation)'이라고 하는데, 재미라는 뜻의 '펀(Fun)'과 가격이 오른다는 뜻의 '인플레이션(Inflation)'을 합쳐 부르는 말이야.

특히 음악 공연의 입장권 가격이 많이 오르고 있다고 해. 유명 가수의 공연에 가려면 우리나라 돈으로 평균 16만 원이 넘게 들어. 인기가 있을수록 더 비싸고 30만 원이 넘는 입장권도 있어. 코로나 전에 비해서 많이 오른 거야.

놀이공원 입장료도 올랐어. 디즈니랜드의 경우 하루 이용권이 우리나라 돈으로 약 26만 원이야. 그렇다 보니 미국인들 중에서는 이렇게 놀며 즐기는 돈을 줄이거나 아예 하지 않는 경우도 있다고 해.

미국인들 중 일부는 노는 비용이 이렇게 비싸면 과연 편하게 즐길 수 있을지 고민이라고 했고, 또 일부는 좋아하는 가수의 공연이라면 돈을 빌려서라도 가겠다고 했어.

우리나라도 '펀플레이션'이 새로운 소비 키워드로 떠올랐어. 하지만 경제가 어려워도 노는 것에는 돈을 아끼지 않는 새로운 소비의 모습도 나타나고 있지.

 좋아요   따뜻해요   화나요   슬퍼요   놀라워요   오, 알겠어요

 **퀴즈**
- 재미라는 뜻의 '펀'과 가격이 오른다는 뜻의 '인플레이션'을 합쳐 이르는 말? (ㅍㅍㄹㅇㅅ)
- 음악 공연의 가격이 가장 많이 오르고 있다. (O, ×)

 **미니 논술**
- 공연, 놀이공원 등 즐기고 노는 데 드는 비용이 비싸도 즐겨야 한다고 생각해?
- 그렇다면 이유가 뭐고, 그렇지 않다면 또 그 이유는 뭐야?

#   #   #

정답 펀플레이션, O

고려 시대 불상이 일본으로 간다고?

국립문화재연구원에 있는 불상(부처를 조각한 것)이 일본 것이라는 판결이 내려졌어. 이 불상은 높이 50.5㎝, 무게 38.6㎏의 금동관음보살좌상으로, 고려 시대에 부석사라는 절에서 만든 거야. 그런데 일본이 조선 시대에 훔쳐 갔었어. 그걸 우리나라 사람이 2012년에 다시 훔쳐 와서 우리가 보관 중이었지.

첫 번째 재판에서는 일본이 불법으로 가져간 것이니 불상을 우리에게 돌려주어야 한다고 했어. 그런데 두 번째 재판에서는 돌려달라고 한 부석사가 고려 시대 그 불상을 만든 절인지 정확하지 않고, 일본이 불법으로 가져갔다고 하더라도, 일정 기간 가지고 있었다면 주인은 일본이라고 결정을 내린 거야.

이 판결이 나자 일본은 어서 돌려달라고 하고 있어. 한편 빼앗긴 문화재에 대해서 국가가 책임을 지지 못하는 판결이라는 의견을 이야기하는 사람도 있어. 일본과 계속 이야기를 나누어서 해결해야 한다고도 해.

고려는 불교의 나라여서 불상이 많아. 고려의 사회 모습을 나타내 주는 것인 만큼 불상은 매우 중요한 거지.

좋아요	따뜻해요	화나요	슬퍼요	놀라워요	오, 알겠어요

 **퀴즈**
· 법원에서 불상의 주인을 일본이라고 판단한 근거를 말해 봐.
· 두 번의 재판 모두 불상은 일본 것이라고 판결 내려졌다. (○, ×)

 **미니 논술**
불상은 어느 나라 것일까? 기사에 나온 내용을 바탕으로 생각해 봐.

정답 부석사에서 만든 것인지 정확하지 않고, 일본이 일정 기간 가지고 있었다 , ×

미국에 '김치의 날'이 있다

　미국의 캘리포니아, 뉴욕 등은 11월 22일을 '김치의 날'로 정하고 기념하고 있어. 그런데 미국 전체에서 그날을 공식 기념일로 정하기로 했어.

　김치의 맛과 영양분 등이 우수하다는 것, 미국에서 살게 된 한국 이민자가 온 지 120주년이 넘는다는 것, 우리나라와 미국이 서로 손잡고 잘 지내자는 동맹을 맺은 지 70년이 되었다는 점 등을 들어서 공식 기념일로 하자고 한 거야.

　김치가 우리나라 고유의 음식이라는 것을 확실히 하고, 또 김치의 우수하고 훌륭한 점이 더 널리 알려질 수 있다는 점에서 우리도 기대하고 있어. 2023년 9월까지 미국으로 수출한 김치가 우리나라 돈으로 416억 정도라고 하니, 이미 우리 김치 인기가 대단하긴 하지.

　그런가 하면 미국 미시간에서는 김치의 날 행사가 열리기도 했어. 미시간은 미국에서 다섯 번째로 김치의 날을 공식적으로 알리고 기념한 곳이야. 우리나라 학생이 김치에 대해 한국어, 영어로 설명하고 준비된 재료로 다 함께 김치를 만들었다고 해. 같이 식사도 하면서 김치에 대해 생각해 보는 귀한 시간이었지.

좋아요	따뜻해요	화나요	슬퍼요	놀라워요	오, 알겠어요

- 미국이 김치의 날을 공식 기념일로 지정하는 이유를 한 가지만 말해 봐.
- 미국에서 김치의 날은 이번에 처음 정한 것이다. (O, ×)

다른 나라의 음식과 관련해 기념일을 지정하는 것은 어떤 의미일까?

\#　　　\#　　　\#　　　　　정답 우리나라와 동맹을 맺은지 70년이 되었다는 점 , ×

휴대전화 금지하는 미국 고등학교

　미국의 공립 고등학교 몇 곳에서 휴대전화를 사용하지 못하게 해서 의견이 엇갈리고 있어. 어느 지역 부모와 학생 12명을 인터뷰했는데, 학부모들은 대부분 휴대전화를 수업 중 사용하지 못하게 하는 것만 찬성하고, 학교에 있는 내내 사용하지 못하게 하는 건 반대했다고 해. 아이와 연락하기 힘들다는 것이 이유였지.

　학생들 또한 자신들을 너무 어리게 본다면서 휴대전화 금지를 반대했어. 한 학생은 스스로 휴대전화 사용에 대한 책임을 지는 연습도 해야 하는데 그 기회를 막는다는 의견을 냈어.

　한편 미국 여러 학교에서는 청소년의 휴대전화 사용을 막으려는 입장이야. 학교에서 일부 학생들이 친구를 때리는 장면을 촬영하여 SNS에 올리기도 하고, 수업 중 친구들끼리 서로 휴대전화로 메시지를 보내는 등 문제가 많다는 거지. 공부에 방해가 되고 아이들의 안전에도 문제가 된다는 거야.

　휴대전화가 학생들 학업이나 생활 태도와 관련이 많은 만큼 앞으로도 이 문제는 늘 팽팽하게 의견이 맞설 거야.

 좋아요　 따뜻해요　 화나요　 슬퍼요　 놀라워요　 오, 알겠어요

- 미국의 학교에서 휴대전화 사용을 금지하는 이유를 한 가지만 말해 봐.
- 휴대전화 금지 문제를, 학생, 학부모 모두 찬성하고 있다. (○, ×)

고등학교에서 휴대전화 사용을 금지하는 것, 어떻게 생각해?

\#　　\#

정답 친구 때리는 장면을 촬영해 SNS에 올리기도 한다, ×

아프리카에 우물 100개 만든 유튜버

'미스터비스트'라는 구독자 2억 명의 유튜브 채널이 있어. 이 채널 운영자가 소말리아, 우간다, 케냐 등 물이 부족해서 많은 어려움을 겪고 있는 아프리카 여러 나라에 가서 100개의 우물을 만들었다고 해. 우물 100개가 있으면 무려 50만 명의 사람들이 깨끗한 물을 마실 수 있어.

이 유튜버가 올린 영상은 엄청난 조회수를 올리며 사람들의 관심을 끌었어. 그는 우물을 만드는 데 매우 큰돈이 필요할 것 같지만 사실 그렇지 않다며 인류 모두가 노력하면 가능한 일이라고 했어.

그가 한 일에 대해, 누리꾼 중 일부는 관심을 끌기 위해서 한 일이라며 좋지 않게 보기도 해. 아프리카 사람들이 너무 기부에만 의존하게 한다는 의견도 있지. 또 일부는 유튜버로서 가진 자신의 힘을 좋은 곳에 쓴 거라면서 정말 멋진 사람이라는 반응을 보이고 있어. 그는 이 영상으로 얻은 수익을 기부하겠다고 했어.

또한 앞으로도 남을 돕는 일을 할 것이며, 어린이들에게 모범이 되고 싶다고 말했어. 앞으로 그의 행보에 많은 이들의 관심이 모이고 있어.

| 좋아요 | 따뜻해요 | 화나요 | 슬퍼요 | 놀라워요 | 오, 알겠어요 |

 퀴즈
- 어느 유튜버가 물 부족 국가에 가서 비용이 크게 드는 우물을 만들었다. (○, ×)
- 그의 행동을 비판하는 누리꾼은 어떤 이유를 들었는지 말해 봐.

 미니 논술
- 유명 유튜버가 좋은 일을 하는 것의 긍정적인 면은 무엇일까?
- 기부는 계속 기부에 의존하게 하는 효과만 있을까?

#   #   #

정답 ×, 관심을 끌기 위해 한 일이다.

일본, 저출산 해결에 기업도 노력

　우리나라의 저출산 문제가 날로 심각해지고 있어. 출산율은 더 떨어질 전망이야. 이런 와중에 일본은 저출산 극복을 위해 기업들이 나서고 있어. 그 결과 출산율이 올라가고 있어. 2060년대에는 1.5명대가 될 거라고 예상해.

　일본의 이러한 배경에는 기업의 노력이 있어. 야간에 일을 하지 않거나 출퇴근 시간을 자유롭게 하기, 집에서 할 수 있는 일은 재택근무하기 등 제도를 점점 확대해 가고 있는 중이야. 아이를 키우면서도 일할 수 있는 환경을 만드는 데 노력을 기울이는 거지. 게다가 회사에 아이를 돌봐 주는 시설을 두기도 하고 보육비를 지원해 주기도 해.

　어린아이를 돌보기 위해 회사를 잠시 쉬는 것을 '육아휴직'이라고 하는데, 이 육아휴직 제도도 더 좋아지고 있어. 휴직하는 기간에도 수당(월급)이 나와. 남자도 1년 이상 육아휴직을 받을 수 있어서 아빠들의 육아 참여도 점점 늘어나는 중이야.

　나라에서 지원을 해 주는 것은 한계가 있을 수 있어. 그런데 이렇게 기업들이 역할을 해 주는 것이 출산율을 올리는데 도움이 되는 거지. 우리도 일본을 참고해서 대책을 더 마련해야 한다는 목소리가 나오고 있어.

좋아요	따뜻해요	화나요	슬퍼요	놀라워요	오, 알겠어요

- 어린아이를 돌보기 위해 회사를 잠시 쉬는 것을 이르는 말은? (ㅇㅇㅎㅈ)
- 일본은 저출산 문제 해결을 위해 기업도 나서고 있다. (○, ×)

저출산 문제를 해결하기 위해 기업이 할 수 있는 일은 또 무엇이 있을까?

\#　　　\#　　　\#

정답 육아휴직, ○

미국 뉴욕 대학교, 세계 최초로 안구 이식 수술 성공

미국 뉴욕 대학의 의료진은 2023년 5월 미국인 남자에게 세계 최초로 안구(볼 수 있는 것에 대한 정보를 모아 뇌에 전달하는 기관) 이식 수술을 했다고 발표했어. '이식'은 살아 있는 장기 등을 다른 사람에게 옮겨 붙이는 걸 말해.

이 사람은 전력 회사에서 일하는 근로자인데 감전 사고를 당했어. 그 후 왼쪽 눈을 볼 수 없게 되었고 왼팔도 잃었고 코, 입의 모습도 사라졌다고 해. 그는 얼굴의 모습을 되찾기 위한 수술과 함께 안구까지 이식하는 수술도 받았어. 무려 140명 이상의 의사가 21시간 동안 수술을 했어.

보통은 잃어버린 시력을 찾기 위해 각막을 이식하는 방식의 수술을 했었어. 그런데 이번처럼 안구, 그리고 시신경까지 포함해 눈 전체를 이식하는 수술을 한 건 세계 최초야. 그는 수술받은 후에도 건강하게 잘 지내며 수술받은 것과 관련된 문제는 나타나지 않았다고 해. 검사 결과 그는 빛에 반응하기도 하고, 보기 위해 필요한 세포도 망막에 있다고 해. 만약 그가 완전히 볼 수 있게 된다면 역사에 남을 훌륭한 일이 될 거야.

| 좋아요 | 따뜻해요 | 화나요 | 슬퍼요 | 놀라워요 | 오, 알겠어요 |

 **퀴즈**
- 살아 있는 장기 등을 다른 사람에게 옮겨 붙이는 것은? (ㅇㅅ)
- 안구 이식 수술을 받은 사람은 현재 볼 수 있다. (○, ×)

 **미니 논술**
나의 몸에 문제가 생겼을 때 장기 이식을 받는 것, 어떻게 생각해?

\# \# \#

정답 이식, ×

대한민국, 유네스코 세계유산위원회 위원국이 되었다

대한민국이 유네스코 세계유산위원회의 위원국이 되었어. 유네스코는 1946년 만들어진 기구인데, 세계 평화와 인류 발전을 목적으로 일하는 곳이야. 이곳에서는 각 나라의 세계유산을 심사해서 유네스코 세계유산으로 정할지 결정하는 일을 하지. 우리나라도 그 심사를 할 수 있는 나라가 된 거고, 2027년까지 그 역할을 한다고 해.

원래 위원국의 임기는 6년이야. 그런데 그간 해 왔던 방식에 따라 4년만 활동하게 해서 더 다양한 나라들이 참여할 수 있도록 하고 있어.

이전에도 대한민국은 세 번, 위원국으로 일한 적이 있어. 이번에 다시 뽑힌 거지. 위원국은 21개 나라로 구성되어 있어. 각 나라가 유네스코 세계유산으로 지정되고 싶어 제출한 유산들을 보고 심사하고, 그걸 문화유산, 자연유산, 복합 유산으로 뽑는 일을 해. 만약 유네스코 세계유산에 올랐는데 자연재해 등으로 인해서 문제가 생기면 보호를 위한 일도 하지.

현재 세계유산위원회에서는 일제강점기에 조선 사람을 강제로 데려다 일을 시킨 '사도광산'을 세계유산으로 올릴 것인지 심사 중이야. 우리나라의 입장을 적극적으로 말할 수 있는 좋은 기회일 수 있어.

 좋아요   따뜻해요   화나요   슬퍼요   놀라워요   오, 알겠어요

 **퀴즈**
- 세계 평화와 인류 발전을 위해 일하는 국제 기구는? (ㅇㄴㅅㅋ)
- 대한민국은 이번에 처음으로 위원국이 되었다. (○, ×)

 **미니 논술**
세계유산위원회의 위원국이 된다는 것은 어떤 의미가 있을까?

\#   \#   \#

정답 유네스코, ×

미국, '잡 저글링'이 널리 퍼지고 있어

　미국에서 '잡 저글링(job juggling)'이 유행하고 있어. 잡 저글링은 두세 가지 직업을 갖고 일하는 거야. 우리말로는 겸직이라고도 해. 집에서 재택근무를 하면서 두 가지 이상의 일을 할 수 있는 거야. 재택근무하는 사람들을 대상으로 조사했더니 무려 80% 정도가 두 가지 이상의 직업을 가지고 있다고 답했어. 두 가지 이상의 일을 하는 방법에 대해 이야기 나누는 온라인 커뮤니티 회원도 330만 명에 가깝다고 해. 일부 지역과 몇몇 대기업들 또한 직원들의 겸직을 허용하고 있어.

　직업이 두 가지 이상이면 월급도 늘어나니 이렇게 여러 가지 일을 하는 경우가 많아. 일자리 하나를 잃을 불안도 좀 줄어들지. 직업을 한 가지만 가지고 있다가 그만둔 경험이 있었던 사람들은 더욱 두 가지 이상의 직업을 가지려고 해. 그리고 이들의 반 이상은 1년에 10만 달러(약 1억 3천만 원) 이상의 돈을 벌고 있다고 해.

　또한 젊은이들은 회사에 대한 생각도 자유로운 편이야. 회사에 너무 얽매이지 않고 자유롭게 일하고 싶은 마음이 있어. 무엇보다 겸직한다고 해서 일이 매우 많지는 않다고 해. 가끔은 바쁠 때가 있지만 1주일에 보통 40시간 정도 일한다고 해.

 좋아요　 따뜻해요　 화나요　 슬퍼요　 놀라워요　 오, 알겠어요

· 두세 가지 직업을 갖고 일하는 것을 뭐라고 하지? (ㅈ ㅈㄱㄹ)
· 두 가지 이상 일을 할 경우의 장점은 뭔지 말해 봐.

두세 개 이상의 직업을 갖는 것의 장점과 단점을 뭘까?

\#　　　\#

정답 잡 저글링, 월급이 늘고, 일자리를 잃을 불안이 줄어든다.

지금은 한식이 대세

'K푸드', 그러니까 우리나라 음식을 뜻하는 말 '한식'이 세계의 음식 문화가 될 거라는 전망이 나왔어. 이미 프랑스의 파리나 영국의 런던, 네덜란드의 암스테르담 등의 슈퍼에서는 우리나라 음식을 찾아볼 수 있어. 불고기나 비빔밥, 프라이드 치킨 등이 인기가 많은 K푸드야. 앞으로는 잡채, 떡볶이 같은 음식도 인기가 많을 거라고 보고 있어.

K푸드의 인기가 날로 높아지는 만큼 'K푸드 플러스' 상품의 수출도 늘어나고 있어. K푸드 플러스 상품은 농식품 뿐만 아니라, 이를 가공한 음식까지 더 넓게 포함해서 부르는 말이야. 2023년에는 역대 최고의 수출액을 달성하기도 했어. 라면이나 쌀을 가공해서 만든 쌀 가공 식품의 수출이 특히 더 늘어났어.

앞으로 K푸드 플러스가 우리나라의 10대 수출 상품 안에 들 수 있도록 더 노력한다고 해. 그런가 하면 우리나라를 찾는 외국인 관광객이 많이 모이는 관광지에서도 K푸드를 판매하는 가게들이 늘어나고 있어. 라면을 직접 끓여 먹을 수 있는 곳도 있고, 라면을 맵기 별로 분류해 놓은 곳도 있다고 해. 약과, 크림빵 등도 많이 진열해 두고 있지. 외국인 관광객들도 환영하는 분위기야.

좋아요 　 따뜻해요 　 화나요 　 슬퍼요 　 놀라워요 　 오, 알겠어요

- 우리나라 음식을 세계적인 시선에서 부르는 말은? (K ㅍ ㄷ)
- 불고기, 비빔밥, 프라이드 치킨 등이 인기가 많은 K푸드이다. (○, ×)

- 한식이 인기를 끌고 있는 까닭이 뭐라고 생각해?
- 한식이 세계적으로 유명해지면 어떤 장점이 있을까?

\#　　　\#　　　\#

정답 K푸드, ○

아이 안 낳으면 세금 낸다고?

러시아는 합계 출산율(여성 1명당 15~49세 사이에 낳을 것으로 기대되는 평균 출생아 수)이 1.5명이야. 그렇다 보니 아이를 낳게 하기 위한 방법으로 세금을 더 내게 해야 할까 하는 이야기가 나오고 있어. 이를 부담스럽게 생각하는 사람이 있겠지만, 문제를 해결하기 위한 방법일 수 있다는 거지.

러시아는 이전에 소련이었는데 소련은 1941년 자녀가 없는 사람들에게 세금을 더 내게 했었어. 결혼한 20~50세 남자와 20~45세 여자 중 자녀가 없으면 월급의 6%를 세금으로 내야 했어. 1990년대에는 이 제도가 없어졌지만 말이야.

우리나라도 그렇지만 러시아의 합계 출산율도 해마다 떨어지고 있어 러시아의 걱정은 계속될 거야. 대통령이 나서서 국민들에게 식구 수가 많은 것이 좋다는 이야기를 할 정도야.

일본에서도 무자녀세를 도입하려고 검토한 적이 있었어. 2017년 아베 정부가, 소득이 높은데 자녀가 없는 사람들에게 세금을 내게 하려고 했지. 이에 대해 인권 침해라는 반발이 일어나기도 했어. 그런가 하면 2026년부터 의료보험 가입자 1인당 500엔을 세금으로 내게 한다는 정책을 검토하고 있어서 역시 반발을 사고 있어.

좋아요　따뜻해요　화나요　슬퍼요　놀라워요　오, 알겠어요

- 여성 1명당 15~49세 사이 낳을 것으로 기대되는 평균 출생아 수는? (ㅎㄱ ㅊㅅㅇ)
- 러시아는 소련이었을 때 저출산 문제를 세금으로 해결하려고 시도한 적이 있다. (O, ×)

아이를 낳지 않은 사람에게 세금을 더 내게 하는 것, 어떻게 생각해?

\#　　\#　　\#

정답 합계 출산율, O

사회 경제 교육 과학 환경 국제

시골로 가는 중국 젊은이들

'귀농'은 도시에서 하던 일을 그만두고 농사를 지으려고 농촌으로 돌아가는 것을 뜻해. 지금 중국에서는 청년들의 귀농이 활발해지고 있어. 청년들이 도시에서 일자리를 찾지 못하는 경우가 많아지면서 시골로 가는 거지.

중국의 국가 주석(국가나 정당의 최고 지위에 있는 사람)인 시진핑이 농촌을 발전시키기 위해 여러 혜택을 주면서 이런 현상이 더 늘어난 것이기도 해. 그런데 이 방법이 실업(일자리를 잃거나 얻지 못하는 것) 문제를 해결할 수 있을지 의문이라는 입장도 있어. 현재 중국 청년의 5명 중 1명이 일을 하지 못하고 있는데, 지금까지의 실업률 중 가장 높다고 해.

중국의 광둥성은 2025년까지 대학을 졸업한 중국 청년 30만 명을 농촌에서 일하게 하겠다는 계획을 발표하기도 했어. 귀농을 하면 몇 년 동안 공무원 생활을 할 수 있게 하는 등의 혜택을 준다고 했어. 하지만 청년들 중 일부는 돈을 적게 벌더라도 도시에서 생활하겠다고 해. 시골에서의 삶은 따분하다는 거야.

한편에서는 이 정책이 일자리를 얻지 못한 청년들이 시위하지 못하도록 막는 것이라는 의견도 있어.

 좋아요   따뜻해요   화나요   슬퍼요   놀라워요   오, 알겠어요

- 도시에서 하던 일을 그만두고 농사를 지으려고 농촌으로 돌아가는 것은? (ㄱㄴ)
- 중국은 현재 최고의 실업률을 기록하고 있다. (O, X)

취업하지 못하는 경우 농촌으로 가서 일하는 것, 어떻게 생각해?

\#   \#   \#

정답 귀농, O

고려대장경은 분명히 우리나라 유산

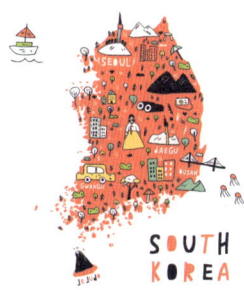

　우리나라 고려대장경이 세계기록유산에 등재(세계유산으로 인정됨)되는 것을 앞두고, 한국의 유산이라는 것을 명확히 해야 한다고 한 교수가 말했어. 일본 도쿄의 어느 사찰에 고려대장경 목판 인쇄물이 남아 있는데, 일본에서 최근 이 인쇄물을 유네스코 세계기록유산으로 올릴 거라고 했거든. 그러니 고려대장경이 우리나라 것이라는 것을 못박아 두어야 한다는 거야. 우리는 '팔만대장경'이라 부르지.

　일본은 2015년 하시마섬(군함도)을 세계기록유산에 올릴 때, 자신들이 일제 강점기에 조선 사람을 데려다 강제로 일을 시켰던 것 등을 알린다고 했는데 그렇게 하지 않았어. 역사를 제대로 알리겠다는 약속을 받고 우리도 동의했던 것인데, 그렇게 하지 않은 거야.

　세계기록유산은 다른 나라의 것도 신청할 수 있어서 일본이 고려대장경을 세계기록유산으로 올리려는 것을 막을 순 없어. 고려대장경은 고려 시대 전쟁의 어려움을 이겨내고자 만든 것인데, 목판은 우리나라 해인사에 있어. 일본에 있는 것은 목판이 인쇄된 것으로, 임진왜란 때 약탈해 갔던 거야.

좋아요　따뜻해요　화나요　슬퍼요　놀라워요　오, 알겠어요

 **퀴즈**
- 해인사에 있는 고려대장경을 뭐라고 하지? (ㅍㅁㄷㅈㄱ)
- 다른 나라의 문화유산도 세계유산으로 신청할 수 있다. (O, ×)

 **미니 논술**
군함도를 세계기록유산에 올릴 때 일본이 저지른 일을 알리지 않은 것에 대해 우리는 어떤 책임을 물을 수 있을까?

\#　　　\#　　　\#

정답 팔만대장경, O

독도는 우리 땅! 옛 지도에도 많다

　세계 여러 나라의 고지도(오래전 만든 지도) 중 독도가 우리 땅이라는 것을 알 수 있는 지도가 많이 있어. 그 지도 22점을 모아 전시회도 열었다고 하지. 영국, 프랑스, 독일에서 1800년대에 그려진 지도들인데, 지도를 보면, 독도는 일본에 포함되어 있지 않아.

　1905년 오스만 제국에서 만든 지도에도 마찬가지로 일본의 해양 경계선 밖에 독도가 있어. 외국에서 만든 지도는 누군가의 입장을 위해 만든 건 아니라, 독도가 우리 영토라는 충분한 증거가 될 수 있을 거야.

　한편 일본은 독도를 다케시마라고 부르며, 오랫동안 자신들의 영토라고 주장하고 있어. 1905년에는 주인이 없다고 했다가 17세기부터는 자신들 땅이라고 우기고 있어. 여러 문서와 일본 교과서에도 독도는 일본의 땅이라고 써 놓고 있고. 2월 22일을 다케시마의 날로 지정까지 해서 기념하고 있지. 그런가 하면 2024년 큰 지진을 겪은 후 일본 기상청에서 독도를 쓰나미 주의보 지역으로 포함했어. 이에 대해 우리는 항의하기도 했지.

　일본이 과거부터 꾸준히 독도가 자신들 땅이라고 주장하는 만큼 앞으로도 이런 일은 계속될 거야. 우리는 우리 나름대로의 대응을 해야 할 거고.

 좋아요   따뜻해요   화나요   슬퍼요   놀라워요   오, 알겠어요

 퀴즈
- 일본은 독도를 뭐라고 부르지? (ㄷㅋㅅㅁ)
- 세계 여러 나라 고지도로 독도가 우리 땅임을 알긴 어렵다. (O, ×)

 미니 논술
- 독도가 자신들의 영토라고 주장하는 일본에 대처하는 방법은 무엇일까?
- 일본은 왜 계속 독도가 자기들 땅이라고 하는 걸까?

\#　　　\#　　　\#

정답 다케시마, ×

일본 근처 바다에서 일하던 한국 배

우리나라의 한 고기잡이배가 일본 근처 바다에서 일하다가 잡혔어. 808청남호인데, 일본의 규슈 나가사키현 근처에서 고기잡이를 하고 있었지. 선장뿐 아니라 10명이 더 타고 있던 배였어. 이 배는 2021년에도 일본 근처 바다에서 고기잡이를 하다 잡혔다고 해.

일본이 근처 바다에서 일하던 우리나라 어선을 체포할 수 있었던 건 '배타적 경제수역(Exclusive Economic Zone)'이라는 것 때문이야. 배타적 경제수역은 나라의 해안선으로부터 200해리(약 370킬로미터)까지를 말하는 건데, 그곳까지는 그 나라가 개발하거나 관리할 수 있어. 경제 활동을 하거나 환경오염 등을 관리할 수 있는 거지.

우리나라와 일본은 서로 그리 멀지 않아 배타적 경제수역이 겹치는 곳이 있지. 그래서 어업협정을 맺어서 서로 공동으로 관리하고 있어.

한 나라의 통치권이 미치는 곳을 영토, 그곳이 바다라면 영해라고 불러. 이번처럼 일본의 관리 안에 있는 일본 영해에 들어가 고기잡이를 하면 잡히는 거야. 앞으로는 그런 일이 생기지 않도록 조심해야 할 거야.

  좋아요   따뜻해요   화나요   슬퍼요   놀라워요   오, 알겠어요

 퀴즈
- 나라의 해안선으로부터 200해리까지를 이르는 말은? (ㅂㅌㅈ ㄱㅈㅅㅇ)
- 우리나라와 일본의 배타적 경제수역이 겹치는 곳은 어떻게 관리하고 있는지 말해 봐.

 미니 논술
다른 나라 통치 아래 있는 바다에 들어가 해산물을 잡는 등의 일을 하면 어떤 벌을 주어야 할까?

#   #

정답 배타적 경제수역, 어업협정을 맺어 공동 관리하고 있다.

대학 나오지 않아도 되는 좋은 직업이 뜨고 있다

4년제 대학을 졸업하지 않아도 돈을 많이 벌 수 있는 '뉴 칼라' 직종이 뜨고 있다고 미국 신문에서 밝혔어. '뉴 칼라'는 4차 산업혁명 시대에 등장한 직업 계층을 뜻하는 말이야. 전문 사무직은 '화이트칼라', 육체 노동직은 '블루칼라'라고 부르는데, 새로운 '뉴 칼라'라고 부르는 직종이 생긴 거지. 2016년 IBM의 CEO 지니 로메티에 의해 처음 쓰인 말이야.

뉴 칼라는 주로 전기차나 로봇 등 최근 떠오르고 있는 분야에서 일하는 사람을 뜻해. 일을 하려면 사실 4년제 학위가 필요하진 않거든. 지금은 AI 기술이 빠르게 발전하는 시대다 보니 이런 사회에선 대학 학위보다는 기술력이 더 중요하다는 거야. 세계적으로도 이미 4년제 대학 학위가 없지만 높은 기술력을 가진 사람들이 많아.

우리나라처럼 입시에 목을 매고 대학은 당연히 나와야 한다고 생각하는 분위기에서는 이러한 세계적 분위기와 변화에 주목해 볼 필요가 있어. AI 기술이 빠르게 발전하고 있기 때문에 현재 존재하는 직업도 나중에는 많이 사라질 거라고 해. 지금 초중고생이 어른이 되는 미래에는 직업의 종류가 상당히 많이 바뀔 거라는 거지. 이러한 변화를 잘 살펴보고 진로에 대해 생각해 보는 것이 좋을 거야.

 좋아요   따뜻해요   화나요   슬퍼요   놀라워요   오, 알겠어요

 **퀴즈**
- 4차 산업혁명 시대에 등장한 직업 계층은? (ㄴㅋㄹ)
- 앞으론 대학 학위보다 기술력이 중요하다. (○, ×)

 **미니 논술**
AI 시대에 대학 졸업, 필수일까?

#   #   #

정답 뉴 칼라, ○

퀴즈 퀴즈! 신문 용어

1	죄 지은 사람이 잡히고 나서 조사하는 곳에서 찍은 사진	머그샷
2	SNS에 아이 사진을 올리는 것	셰어런팅
3	한곳을 억누르면 다른 곳이 튀어나오는 현상	풍선 효과
4	태어난 사람이 앞으로 몇 살까지 살지 기대되는 나이	기대 수명
5	반려동물을 가족으로 여기는 사람들	펨펫족
6	형편이 어려워 밥을 먹지 못하는 아이들	결식아동
7	나쁜 일을 저질러도 벌을 받지 않는 만 10세 이상, 14세 미만 소년	촉법 소년
8	어린이를 교통사고 위험으로부터 지키기 위해 학교 주변에 지정해 둔 곳	스쿨 존
9	눈에 보이지 않는 것 중 가치가 높아서 우리가 잘 지키고자 하는 것	무형 유산
10	경제를 성장시키고 이제 막 발전하는 나라를 돕는 목적으로 1961년 만들어진 기구. 우리나라는 1996년에 회원국으로 가입	경제협력개발기구(OECD)
11	65세 이상 노인이 전체 인구의 20% 이상인 사회	초고령 사회
12	본래 가격보다 가격을 더 붙여 불법으로 사고파는 입장권	암표
13	강아지를 억지로 교배시켜 새끼를 낳아 파는 곳	강아지 공장
14	2019년 스쿨 존 사고 피해자 민식이 이름을 따서 만든 법	민식이법
15	여러 사람의 이익을 목적으로 일하는 기관. 도서관이나 경찰서 등	공공기관
16	스쿨 존에서 시간에 따라 속도를 다르게 하는 것	스쿨 존 시간제 속도 제한
17	고객이 직접 메뉴를 선택하고 결제까지 하는 기계	키오스크
18	보건과 위생 분야에 대해 서로 협력하기 위해 만든 국제 기구	세계보건기구(WHO)
19	모든 영역에서 장애를 이유로 차별하는 것을 금지하는 법	장애인 차별 금지법
20	지진, 폭설 등 재난이 났을 때 국민들에게 보내는 문자	재난 문자
21	병원에 직접 가지 않고 하는 진료	비대면 진료
22	우리나라에서 일하기 위해 외국에서 온 사람	외국인 노동자
23	가족 구성원이 1명인 가구	1인 가구
24	돈으로 바꿀 수 있는 가지고 있는 재산	자산
25	스스로의 노력으로 성공하는 것	자수성가
26	여자가 임신할 수 있는 기간인 15세~49세에 낳을 것으로 기대되는 평균 출생아 수	합계 출산율

27	혼자 사는 사람이 다른 사람이 모르는 상황에서 죽음을 맞이하는 것	고독사
28	사회적으로 해야 하는 것, 기대 등을 거부하며 자신이 하고 싶은 대로 하는 태도를 뜻하는 신조어	고블린 모드
29	미디어를 보면서 잘못된 것을 가려내고 비판할 줄 아는 힘	미디어 리터러시
30	아이를 키우는데 도움이 되도록 나라에서 주는 돈	아동 부양 수당
31	어린이들을 출입하지 못하게 하는 곳	노 키즈 존
32	사람의 신체 일부를 다른 사람에게 주는 것	장기 기증
33	사회의 다수와는 다른 특징이 있어 힘이 없는 약자 위치에 있는 사람들	소수자
34	북한에서 온 사람들을 이르는 말	새터민
35	한 아파트 단지 내에 분양 아파트와 임대 아파트를 같이 짓는 것	소셜 믹스
36	검색할수록 잘못된 정보로 갈 가능성이 높은 것	데이터 보이드
37	길고양이에게 먹이를 주는 등 돌보아 주는 사람	캣맘, 캣대디
38	사회적으로 높은 지위에 있거나 부유한 사람들이 모범을 보여야 함을 뜻하는 말	노블레스 오블리주
39	아픈 부모를 간병하다 감당할 수 없을 만큼 어려워지는 것	간병 파산
40	일을 해 준 사람에게 고맙다는 의미로 더 주는 돈	팁
41	주변의 바닷물 온도가 다른 해보다 높아지는 현상	엘니뇨 현상
42	개발된 물건 등이 일상적으로 쓰이는 것	상용화
43	화폐의 가치가 떨어져 물가가 오르는 현상	인플레이션
44	우유의 가격이 올라 우유를 넣어 만든 제품들 가격도 오르는 현상	밀크플레이션
45	업종 안에서 메뉴의 경계가 사라지는 현상	빅 블러 현상
46	1980~1995년에 태어난 밀레니얼 M세대와 1996~2010년에 태어난 Z세대를 합쳐 부르는 말	MZ세대
47	빌려준 돈이나 예금 등 붙는 이자 또는 그 비율	금리
48	신용으로 물건을 살 수 있는 카드	신용카드
49	통장에 들어 있는 돈만큼만 사용할 수 있는 카드	체크카드
50	로봇이 인도에 다닐 수 있도록 한 법	지능형 로봇법
51	유명 유튜버나 인플루언서가 사는 물건을 따라 사는 것	디토 소비
52	가격은 그대로인데 양을 줄이는 것	슈링크플레이션
53	가격은 그대로인데 제품의 질을 낮추는 것	스킴플레이션
54	음성이나 영상 등을 제공하는 스트리밍 서비스의 가격이 오르는 것	스트림플레이션
55	법적으로 마트를 의무적으로 쉬게 하는 날	마트 의무 휴업일
56	환경, 사회, 지배 구조를 기업의 중요한 가치로 생각하는 경영	ESG 경영

57	어떤 기업의 물건을 사지 않는 운동	불매 운동
58	한 가정에서 지출하는 비용 중에서 식료품비가 차지하는 비율	엥겔 지수
59	재미있는 상품을 사는 트렌드	펀슈머 트렌드
60	유명한 제품을 똑같이 만든 물건	듀프
61	가격 대비 성능이나 효과	가성비
62	직원을 뽑아 일을 하도록 하는 것	고용
63	고령화 사회에서 노인이 경제 활동을 하는 것	시니어노믹스
64	다문화 학생을 포함해 부모나 자신이 외국에서 이주한 학생	이주 배경 학생
65	대학에서 학생을 뽑을 때 수능이 아닌 다양한 방법으로 뽑는 모집 형태	수시 모집
66	선생님의 권리가 무시, 침해당하는 일	교권 침해
67	스마트폰, 노트북, 패드 등을 이르는 말	디지털 기기
68	초중고, 특정 교육 기관에 다닐 수 있는 연령에 해당하는 아동, 청소년의 총 인원수	학령 인구
69	읽기, 수학 등 성취도를 알아보기 위해 OECD에서 하는 평가	국제 학업성취도평가
70	어릴 때부터 의대에 가기 위해 준비하는 일이 과도해진 현상	의대 열풍 현상
71	방과후 학교와 돌봄 교실의 역할을 모두 하는 것으로 2024년부터 시행되고 있는 것	늘봄 교실
72	지구상의 대륙이 부딪쳐 하나가 되는 현상	초대륙
73	재미있고 재치 있으면서도 의미가 있는 연구자에게 주는 상	이그노벨상
74	운전자나 승객의 조작 없이 스스로 운행하는 차	자율 주행 차
75	표면이 뜨겁지도 차갑지도 않고, 물이 있어 생명이 살 수 있는 조건이 있는 행성	골디락스
76	약의 안전성, 효과, 부작용 등을 알아보기 위해 미리 시험해 보는 것	임상 실험
77	우리 뇌 중 학습과 기억을 담당하는 곳	해마
78	잠들기 가장 좋은 시간	수면 타이밍
79	생명이 어떻게 처음 시작되었는지 알 수 있을 거라고 기대되는 토성의 위성	타이탄
80	초기엔 기억력 문제로 시작해 점차 언어 기능, 판단력 등을 상실하게 되는 병	알츠하이머
81	우주에 떠다니는 쓰레기를 한데 이르는 말	우주쓰레기
82	우주 쓰레기가 서로 부딪혀 새로운 쓰레기가 만들어지는 현상	브레이크 업
83	세계에서 가장 오래되고 신뢰받는 영국의 과학 학술지	네이처
84	가공식품에 맛이나 향, 화학첨가제 등을 더 첨가한 식품	초가공식품
85	판매된 물건 등이 문제가 있어 스스로, 또는 강제적으로 거두어들여 없애거나 교환, 환불 등을 해 주는 것	리콜
86	기온이 1년 내내 평균 20℃ 이상이고, 가장 기온이 낮은 달이 18℃ 이상인 곳	열대지방

87	기온이나 강수량 따위가 정상적인 상태를 벗어난 상태	이상기후
88	멸종될 위기에 처한 종	멸종위기종
89	1995년부터 시행한 것으로 종량제 봉투를 구입해 쓰레기를 버리게 하는 제도의 정확한 이름	쓰레기 수수료 종량제
90	못 쓰게 되어 버린 휴대폰, 컴퓨터, 텔레비전 따위의 전자 제품	전자 폐기물
91	바다에 불법으로 무언가를 버리는 것	해양 불법 투기
92	대기 중에 이산화탄소가 많아지면서 지구 표면 온도가 올라가는 현상	온실효과
93	쓰레기를 제로로 한다는 말로, 환경을 위해 낭비를 최소화하자는 캠페인	제로 웨이스트
94	전 세계적으로 1% 안에 드는 부자를 이르는 말	슈퍼 리치
95	탄소가 나오는 만큼 다른 방식으로 없애 탄소를 0으로 만드는 것	탄소 중립
96	기후 위기를 극복하고자 운동하는 이들	기후 활동가
97	지진과 화산 폭발이 많이 일어나는 판의 경계	불의 고리
98	생활을 경제적으로 잘 살아가기 위해서 물건이나 서비스를 만드는 것	산업
99	상품을 여러 겹으로 지나치게 많이 포장하는 것	과대 포장
100	독일의 학자 크루첸이 말한 단어로, 인류가 자연환경을 파괴해서 지구의 환경과 맞서 싸우게 된 시대를 이르는 말	인류세
101	기후변화 때문에 살던 곳을 떠나야 하는 사람들을 이르는 말	기후 난민
102	핵 발전소에서 나오는 쓰레기를 처리하는 곳	핵 폐기장
103	눈에 보이지 않는 막힌 벽, 여성이 남성에 비해 높은 자리에 오르기 어려운 것을 이르는 말	유리 천장
104	경제평화연구소에서 진행하는, 한 나라의 평화로운 정도를 판단하는 수치	세계평화지수
105	모두 함께 잘 살고자 사람을 귀하게 존중하는 태도나 마음	인도주의
106	독창성이 뛰어난 사람을 격려하고 응원하기 위해 1981년 미국에서 만든 상	맥아더 펠로십
107	너무 스마트폰에만 빠져 주변을 살피지 못하는 사람을 이르는 말	스몸비
108	재미라는 뜻의 '펀(Fun)'과 가격이 오른다는 뜻의 '인플레이션(Inflation)'을 합쳐 이르는 말	펀플레이션
109	어린아이를 돌보기 위해 회사를 잠시 쉬는 것	육아휴직
110	세계 평화와 인류 발전을 위해 일하는 국제기구	유네스코
111	두세 가지 직업을 갖고 일하는 것	잡 저글링
112	우리나라 음식을 세계적인 시선에서 부르는 말	K푸드
113	도시에서 하던 일을 그만두고 농사를 지으려고 농촌으로 돌아가는 것	귀농
114	나라의 해안선으로부터 200해리까지를 이르는 말	배타적 경제수역
115	4차 산업혁명 시대에 등장한 새로운 직업 계층을 이르는 말	뉴 칼라